지리산둘레길
공식가이드북

지리산 둘레길

(사)숲길 지음

2025-2026 개정판
지리산둘레길 대형지도 수록

여는 글

생명평화 지리산둘레길
다섯 번째 판 여는 글

'생명평화 지리산둘레길 공식 가이드북'이라는 이름을 달고 다섯 번째 개정판을 낸다. 첫 책이 2011년 6월에 나왔으니 벌써 10년도 넘었다. 사단법인 숲길은 2007년 지리산에 우리나라 최초 첫 장거리 걷는 길을 만들 목적으로 설립되었다. 숲길은 지난 15년 동안 성공적으로 지리산둘레길을 유지 관리해 왔다. 그 후 숲길이 보여준 성과를 바탕으로 수많은 걷는 길이 탄생했고, 그 길을 관리하기 위해 또 그만큼의 법인이 생겨났다. 앞으로 10년, 20년 그리고 더 먼 미래에도 우리의 걷는 길들이 계속해서 사랑을 받고 그 쓰임이 이어질까 궁금해진다.

'지리산둘레길'의 시작은 버려지고, 묵고, 외면당한 것들을 보듬고 재생시키는 일이었다. 그 옛날 걸어서 이웃으로 마실 가던 고갯길은 칡덩굴로 엉켰고, 학교를 오가던 길도 아이들이 사라져 무용지물이 되었다. 자동차가 다니는 넓고 포장된 길만 남았다. 급속한 현대화 속에 사람들의 삶과 이야기가 녹아 있는 길이 지워졌다. 그 옛길의 흔적을 찾아 깁고 이어 '둘레길'이 만들어졌다.

그렇게 이어진 길에 사람들이 오갔다. 10년이 지나고, 지리산 5개 시군 인구보다 20배가 넘는 사람들이 이 길을 걸었다. 이 길을 찾는 사람들은 저마다 걷는 이유를 가지고 온다. 지리산둘레길을 걸으며 자신과 대화를 나누며 성찰한다. 그렇다고 모두가 거창한 이유가 있어 지리산둘레길을 찾는 것은 아니다. 걷는 데 굳이 이유를 갖다 댈 필요는 없다. 그저 반가운 지리산을 만나러 오기도 한다. 길을 따라 한 걸음 한 걸음 발길을 옮기는 자신이 대견할 뿐이다.

가이드북을 고쳐서 다시 세상에 내놓는다. 그동안 변한 정보가 많다. 지리산둘레길 노선이 바뀐 곳도 있다. 버스 시간도 바뀌고, 잠잘 곳과 먹을 곳도 없어지고 새로 생긴 곳이 많다. 이렇게 바뀐 것을 들어내고 새로운 정보를 담았다. 이 책과 함께 다시 '지리산 순례'를 꺼낸다. '지리산둘레길'은 순례길이다. 이 길을 조성했던 처음처럼, 사람들이 지리산 둘레를 걸으며 끝끝내 자신을 마주하게 되는 길이기를 소망한다. 이 책이 처음 이 길을 걷는 분들에게 충실한 순례 길잡이가 될 것이다.

그대 영혼에 내 영혼이 입맞춤한다. 그렇게 모든 존재의 안녕을 비는 걸음걸이가 되시길!

2025년 4월

추 천 글

길은 소통의 공간이자, 공간의 연속입니다.
길은 또한 생을 이어주던 삶의 공간입니다.
우리는 이 길을 통해 새로운 역사를 쓰려 합니다.

오래 전부터 여러 나라에서는 오로지 걷는 자만을 위한 길들이 만들어져 왔습니다. 적게는 수천 킬로미터에서 많게는 십 수만 킬로미터까지 나라마다 제각각의 이름으로 다양한 색깔을 가진 길들을 찾아 조성하고 있습니다. 수많은 도보 여행자들은 그 길을 따라 걸으며 자연의 아름다움과 독특한 지역의 문화에 매혹되기도 하고, 내면의 소리에 귀 기울이기도 합니다.

현대문명사회 혹은 자본주의 사회는 자본과 권력, 기술과 기계, 지식과 정보의 위력이 지배하는 사회입니다. 그 위력이 실로 대단해서 대부분의 사람들은 아무런 의심 없이 그것들을 가치 있는 것으로 받아들이고 그 위력을 어떻게 소유할 것인가에만 관심을 쏟고 삽니다. 반면 내 생명의 절대 조건이요 근본인 자연의 가치와 위력에 대해서는 무지하거나 망각한 채 살아갑니다.

그러나 자연은 말 그대로 '스스로 그러함'이니, 무한한 가능성의 다른 말이기도 합니다. 농사만 봐도 그렇습니다. 실제로 씨앗이 갖고 있는 가능성과 공기, 물, 바람, 햇볕, 낮과 밤 같은 자연현상들이 어우러져서 생명이 자랍니다. 인간은 그저 여기에 작은 힘을 보태는 것입니다. 그리고 자연의 일부인 인간 역시 자체 안에 모든 가능성을 갖고 있습니다. 마치 사과 씨앗 안에 싹이 트고 자라 가지가 뻗고 잎사귀가 나오고 나무로 커갈 수 있는 가능성을 갖고 있는 것과 같습니다.

이와 같이, 지식으로 배워서 할 수 있는 일은 실제로 그리 많지 않습니다. 그런데도 현대인들은 자연의 의미나 가치를 외면한 채, 부분적이고 지엽적인 지식들로 삶의 문제를 다룹니다. 결국 자신의 무한한 가능성들을 제약하고 왜곡하여 정상으로 발현하지 못해 삶이 끝없이 고통스러워집니다. 인간의 무력함과 고통은 자신이 가진 생명력을 알지 못하고 자기치유를 제대로 못하는 데서 나옵니다. 삶의 문제를 제대로 다루려면 내 생명력에 대해 알아야 하고, 그것이 건강하고 온전하게 작동할 수 있게 하는 원리에 눈떠야 합니다.

걷는다는 것은 그러기 위해 처음으로 돌아가는 일입니다. 부분적인 지식을 넘어서서 온전히 나를 보고 세상을 보는 것입니다. 자연의 의미와 가치에 대해 고마움을 알고, 내가 갖고 있는 무한한 가능성들을 만납니다. 나아가 그런 가능성들이 발현되도록 하는 힘이 걷기에 있습니다. 그런 의미에서 본다면, 숲길 걷기는 몸과 마음의 병을 치유하고 우리 생명력이 온전하게 드러나도록 경험하는 교육현장입니다. 모든 국민들을 위한 살림의 교육장이라고도 할 수 있습니다.

우리에게도 오래 전부터 자연스럽게 만들어진, 참 고운 옛길들이 많았습니다. 마을과 마을을 잇는 길, 장돌뱅이들이 봇짐을 메고 무수히 넘나들던 고갯길과 들길, 마을 사람들이 장을 보러가던 길, 한반도를 가로질러 한양으로 가던 길까지. 지금으로서는 도저히 계량할 수 없는 삶의 길들이 지천이었습니다. 지금은 그런 길들이 거의 사라지고, 사람들도 잘 걷지 않게 되었습니다. 자동차를 위한 도로만이 전 국토를 거미줄처럼 연결하고 있습니다. 빠르게 가기 위해 장소의 고유성을 상실하고 있으며, 현대인들은 점점 병들어가고 있습니다.

국토의 아름다움과 독특한 지역의 문화를 보고 느끼고 자기 내면과 대화하며 걷는 '걷는 이를 위한 길'을 위해 지리산둘레길이 시작되었습니다. 근력의 차이 없이 누구나 쉬이 걸으며 길 위에서 만나는 모든 생명들과 대화할 수 있는 영성의 길이 되고자 합니다. 속도의 길이 아니라 느림의 길을, 정상으로만 치닫는 수직의 길이 아니라 유유히 걸을 수 있는 수평의 길이 되고자 합니다. 자연뿐만 아니라 지역의 고유한 역사와 문화를 고스란히 담고 있는 공간으로서의 길을 찾아내어 복원하고 이어내는 지리산둘레길이고자 합니다.

길을 걷는 것만으로도 많은 사람들의 마음과 몸의 병은 치유될 것이며, 좋은 길과 다양한 문화자원을 가지고 있는 지역은 길을 걷는 사람들, 길 위에 머무르는 도보 여행자들로 인해 풍요로워 질 것입니다. 마을의 자연과 고유한 문화를 파괴하지 않고도 이 길을 통해 잊혀져 가던 지역은 사람 냄새나는, 도시와 지역을 이어주는, 사람과 자연이 공존하는 살맛나는 공간이 될 것입니다.

실상사 도법 합장

일러두기

지도 이해하기

실측도를 바탕으로 제작한 캐릭터 지도로서 구간의 형태와 각 요소들의 위치를 파악하는 데 중점을 두었다.
지도 위의 모든 요소는 GPS로 실측한 디지털정보를 옮겨 정확성을 더했다.

- **① 한눈에 보기** 번호를 따라가며 전체 구간을 미리 걸어볼 수 있다.
- **Ⓐ 자세히 보기** 구간의 주요한 지점이 품고 있는 이야기를 들려준다.
- **기타** 화장실 위치를 표시하고 있다.

※ 상세한 숙식정보, 교통정보, 날씨정보 등 변동이 예상되는 정보들은
(사)숲길이 운영하는 지역센터에 사전문의 하는 게 좋다.

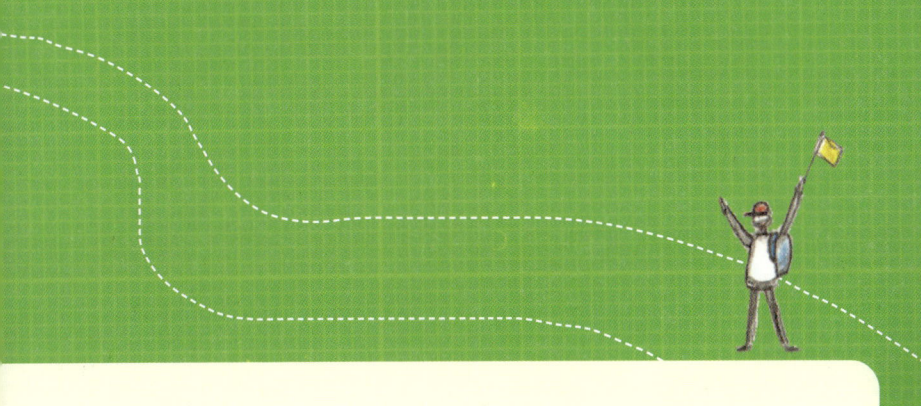

코스 가이드 이해하기

거리 구간 전체 거리로 GPS를 사용해 현장 실측한 결과다. 구간거리는 지점측정 조건에 따라 오차가 생길 수 있다.
시간 현장 답사를 다녔던 성인 남자를 기준으로 구간의 난이도를 감안해 작성했다. 쉬는 시간과 주변 관광지 관람 시간 등은 제외했다.
난이도 경사도와 거리 등을 종합해 판단한 것으로 개인차를 고려해 참고하자.

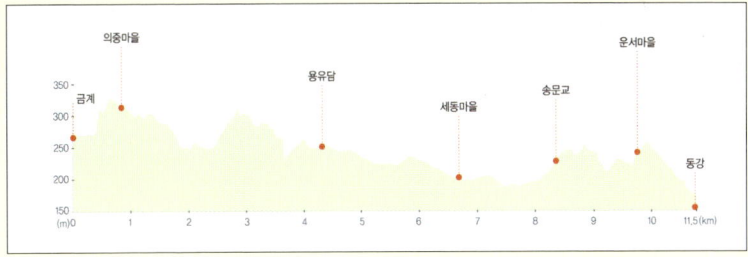

고도표 거리를 압축적으로 표현할 수밖에 없어 경사가 가파르게 표현되었다. 오르막과 내리막을 가늠하는 기준으로만 활용하고, 높이를 확인해 경사도를 짐작해야 한다.

지리산둘레길 쉼터 지리산둘레길에 나오는 쉼터는 마을주민들이 농사를 짓다가 잠시 휴식을 취하는 장소인 마을 쉼터를 말한다. 대부분 당산나무처럼 큰 나무 주변에 앉을 수 있는 평상이 있다.

대중교통시간 지리산 지역은 농촌지역이다. 계절마다 대중교통 시간이 변동된다. 지역별 버스터미널 전화번호를 챙기자.

목차

개정판 서문	06
추천글	08
일러두기	10
목차	12
지리산둘레길 이야기	14
시(이원규·복효근·박남준·강희근·이봉연)	24

지리산둘레길

주천～운봉	36
운봉～인월	46
길과 이야기 1	56

민초들의 고단한 삶의 현장,
장바닥에서 마음을 달래고 공동의 안녕을 빌다

인월～금계	58
금계～동강	68
길과 이야기 2	78

호연지기의 땅이자 새문명의 발원지
세상은 늘 변화를 준비한다

동강～수철	80
수철～성심원	90
길과 이야기 3	100

치유 받을 영혼... 함께 나누는 삶의 현장
우린 모두 서로에게 위로가 되는 존재

성심원～운리	102
운리～덕산	110
길과 이야기 4	120

영욕의 그림자... 지리산의 꿈
한 번쯤 우리도 모든 것 벗어 던질 수 없나

덕산～위태	122
위태～하동호	130
길과 이야기 5	140

산은 물을 가르고
행정은 지역을 가른다

하동호～삼화실	142
삼화실～대축	150
길과 이야기 6	160

농촌, 잊어버릴 수 없는 고향
관광과 나눔은 공존할 수 있을까

하동읍～서당	162
대축～원부춘	168
원부춘～가탄	176
길과 이야기 7	184

역사와 문화, 풍요와 빈곤의 공존
섬진강과 걷는 고산 트레일

가탄～송정	186
송정～오미	192
오미～난동	200
길과 이야기 8	210

국립공원 1호 지정 구례주민들이 앞장
어디나 길지이자 풍성한 남도의 꿈이 서린 곳

오미～방광	212
방광～산동	222
길과 이야기 9	232

지리산 둘레길 따라가며 맛보는 삼남의 진미
봄부터 겨울까지 사계절 내내 맛깔스런 음식

산동～주천	234
길과 이야기 10	242

지리산 생명평화 운동의 결과물
'지리산 순례길' 오래 오래 이어지기를!

지리산둘레길 이야기

지리산에서 우리 사회의 대안을 마련해보자는 몸짓은 1990년 중반부터 시작됐다. 지리산의 마음을 배워보자는 취지에서 시작된 이 운동은 지리산에서 대안사회를 구체적으로 제안하고 실현시켜 보자는 방향으로 발전됐다. 이 몸짓의 일부가 지리산 생태보존 활동으로 이어지고, 한쪽에서는 생명평화운동으로 분화한다. 처음 '지리산 순례길'로 제안된 지리산둘레길은 지리산 보존과 지역공동체 발전이라는 동전의 양면을 쥐고 지역의 풍요로움을 이루고자 했다.

생명평화의 지리산둘레길

지리산둘레길은 지리산 사람들이 다녔던 길과 다니고 있는 길을 잇고 보듬은 길이다. 이 길에는 마고할미의 전설과 한국전쟁과 왜구의 침입, 그리고 국립공원 1호로 지정되기까지, 지리산의 유구한 역사가 곳곳에 스며 있다. 무엇보다 산업화의 뒤안길에서 묵묵히 생명의 끈으로 농업을 이어가는 사람들의 삶이 고스란히 간직된 길들이다.

지금 우리 사회는 무한경쟁과 질주하는 물질문명에 눈이 멀고, 귀가 먹어 향락과 소비가 마치 최고의 미덕처럼 되어 버렸다. 지리산둘레길은 이런 일상적인 삶을 되돌아보자고, '온 세상의 평화를 원한다면 내가 먼저 평화가 되자'는 생명평화운동에서 제안된 순례길이다.

사라진 길을 찾아내기 위해 떠나는 여정은 간단치 않았다. 세대에 걸쳐 이어진 장보러 다니던 길, 이웃과 소통하던 길, 대처로 가기 위해 마련된 길들이 묻히고 버려진데다 공동의 길이 사유화 된 탓에 그것을 찾아 새로 보듬기가 쉽지 않았다. 그래도 인심은 남아 있어 마을사람들에게 동의를 구하고, 개별 소유자를 만나 설득하며 하나씩 길을 찾아냈고, 그 길들이 지금 지리산둘레길의 농경지를 지나는 길, 마을을 지나는 길이다.

지리산을 한 바퀴 도는 장장 700여리의 지리산둘레길은 숲길, 농로, 시멘트로 포장된 임도, 아스팔트길을 걸어야 한다. 또 마을과 마을 숲, 당산나무, 조탑, 석장승 등 지리산자락의 문화유산을 만난다. 가파른 고갯길을 넘어야 하고, 한참을 걸어도 민가를 만나지 못하는 곳도 있다. 오르막과 내리막이 계속해서 이어지는 지루한 길도 있다. 걷다보면 이게 무슨 길이냐고 투덜거릴 곳도 있고, 땡볕 속을 걷다가 다시 돌아가버리고 싶은 길도 있다. 그러나 이 모든 길이 다 지리산둘레길이다. 지리산둘레길은 없던 길을 만든 것이 아닌, 있던 길을 찾아내거나 복원한 곳이다.

지리산둘레길은 길을 걸으려는 사람의 마음가짐에 따라 보이는 것도 다르고, 마음의 크기에 따라 느끼는 것도 다르다. '걷기'는 결국 지나온 삶을 돌아보며 자신의 내면과 마주대하는 시간이다. 지리산둘레길을 걸어본 사람들은 그 길에서 살아온 시간을 반추하며 앞으로 나아가야 할 길을 찾을 수 있었다고 한다. 걷기는 인류가 받은 가장 큰 선물이다. 걷는 행위를 통해 인간다운 삶을 찾아야만 한다.

지리산둘레길 조성사업

지리산둘레길은 지리산 생태보존과 지역공동체 희망찾기로 시작됐다. 2000년대를 전후해 지리산 댐, 지리산 관광개발 등 지리산 지역의 발전모델이 우후죽순 격으로 제기됐지만 정작 지역사람이 주체가 되지 못했다. 그런 현실은 지역에 대한 자각과 지역역량을 키워가는 지리산 시민사회활동을 태동시켰다. 지리산생명연대와 지리산권시민사회단체협의회가 그 활동을 이끄는 중심역할을 했다. 2004년 지리산 대안운동의 하나로 '지리산생명평화탁발단'(이후 탁발단)이 꾸려지고, 탁발단은 생명평화를 화두로 전국 순례길에 오른다. 그후 탁발단은 지리산 순례를 마치면서 지리산을 한 바퀴 도는 순례길을 만들자고 제안했다.

지리산둘레길은 2007년 산림청 녹색사업단 시민단체 공모사업인 '환지리산트레일 조성사업'이란 이름으로 구체화 되었다. 사단법인 숲길이 설립되고 길 찾기와 노선 선정, 정비 사업을 통해 사람이 안전하게 다닐 수 있도록 하는 일에 많은 분야의 전문가와 활동가, 지역 분들이 사명감과 소명의식을 갖고 함께 했다. 전문가 그룹으로 이준우, 권태호, 오구

균 교수, 녹색연합의 녹색사회연구소, 디자인 분야 전문가, 마을공동체 부분의 주식회사 이장 등이 참여하고 지리산 쪽에서 한광용 생명연대 운영위원장과 실무자, 지리산시민사회단체협의회 등 시민그룹과 활동가 그룹이 참여했다.

국내 최초 장거리 도보길을 조성하기 위해 생태적 관점을 가진 국내 전문가 그룹과 지역 현장 활동가들은 국외사례수집, 공법과 운영관리 매뉴얼, 행정과 민간의 역할 등 장거리 도보길의 비전과 가치를 현장에 적용시켜 갔다. 지리산둘레길은 '오랜 시간 후에도 처음 같은 길'을 꿈꾸며 관계자와 활동가들의 수많은 논의와 토론, 지역주민과 합의과정을 거쳐 탄생하게 됐다.

2008년 시범구간 20km(전북 산내면 매동마을~경남 마천면 창원마을)가 열리고,

지리산둘레길 전 구간 현황

구간	거리	소요시간	지역	개통일
주천~운봉	14.9km	6시간	남원	2009년
운봉~인월	9.7km	4시간	남원	2009년
인월~금계	20.5km	8시간	함양	2008년
금계~동강	11km	4시간	함양	2008년
동강~수철	12.1km	5시간	산청	2009년
수철~성심원	15.9km	4시간	산청	2011년
성심원~운리	12.6km	5시간	산청	2011년
운리~덕산	12.6km	5시간 30분	산청	2011년
덕산~위태	11.0km	4시간	산청	2011년
위태~하동호	11.5km	5시간	하동	2011년
하동호~삼화실	9.4km	4시간	하동	2011년
삼화실~대축	16.7km	7시간	하동	2011년
하동읍~서당	6.7km	2시간 30분	하동	2012년
대축~원부춘	10.2km	4시간 30분	하동	2012년
원부춘~가탄	11.4km	6시간	하동	2012년
가탄~송정	10.6km	6시간	하동	2012년
송정~오미	10.4km	6시간	구례	2012년
오미~난동	18.9km	7시간	구례	2011년
오미~방광	12.3km	5시간	구례	2011년
방광~산동	12.7km	5시간 30분	구례	2011년
산동~주천	15.9km	7시간	구례	2011년, 2012년

※ 마을별 구간거리는 설계도 기준으로 표기

2009년 추가 50km(전북 남원시 주천면 외평마을~경남 산청군 금서면 수철마을), 2011년 추가 140km(경남 산청군 금서면 수철마을~경남 하동군 악양면 대축마을, 전남 구례군 산동면 밤재~전남 구례군 토지면 오미마을)가 열렸고, 2012년 5월 마침내 지리산 한 바퀴를 연결하는 전체 구간이 개통했다.

지리산둘레길이 조성되면서 부작용도 있었다. 관계행정기관의 실적과 치적위주의 사업 집행이 걸림돌이 되기도 하고, 지역민들의 이기심과 이용자들의 무분별한 행동이 불편함을 주기도 했다. 그러나 '언제나 처음 같은 길을 만들자는 초심을 잃지 않고 양보와 타협을 바탕으로 합의를 도출하는 소중한 경험을 하게 됐다.

길은 열렸다. 수많은 이들이 도보여행을 오면서 이 길을 제대로 유지하고 관리하는 일도 매우 중요하다는 사실도 알게 되었다. 이러한 일을 하기 위해서는 지역민들의 지지와 이용자들의 성원이 무엇보다 중요하다.

지리산둘레길과 마을

지리산 자락은 관광단지로 개발된 지역을 제외하고는 마땅한 숙식 장소가 없다. 순례자는 자신의 여정을 계획하면서 어디에서 쉬고 머물 것인지를 미리 결정해야 한다. 사단법인 숲길이 운영하는 지리산둘레길 순례자센터를 통해 정보를 얻는 것과 해당 지자체에 문의하는 방법이 있겠지만 먼저 자신의 처지에 따른 계획을 잡는 게 좋다. 무리하지 않고 지리산을 만날 마음가짐으로….

지리산둘레길은 처음부터 마을의 이해와 협조를 통해 길을 열었고, 앞으로도 마을이 지리산둘레길의 안내 및 숙식 제공 등의 역할을 일정 부분 담당할 것으로 본다. 오시는 분들은 가능하면 '마을민박'을 했으면 한다. 마을민박이란 마을공동체가 공동으로 민박의 형태를 정해서 운영하는 곳을 말한다. 일정 부분 소득을 공동의 몫으로 하고 공동의 선을 위해 쓰도록 하는 것이다.

마을이 참여하지 않는 지리산둘레길은 의미가 없다. 또 마을의 협조가 없으면 길이 막히는 경우도 생긴다. 농산물에 손대지 않는 원칙과 자연을 보존하는 가치를 이어나갔으면 한다. 가능하면 소비도 지역 농산물을 이용하고 도시와 농촌이 어울려 살아가는 여러 방법들을 찾아야 한다. 아름다운 여행은 결국 '지역과 관계'를 맺는 것이다.

지리산둘레길의 구간

지리산둘레길에서는 순서 매김이 없다. 그래서 1코스, 1구간의 개념이 없어 혼란스럽다고 한다. 사람들은 늘 첫 번째, 두 번째 등등 순서를 정하거나 누군가 정해준 순서를 따라간다. 그래야 편하고 불안하지 않다.

그러나 아쉽게도 지리산둘레길은 편리와 편익을 쫓지 않는다. 동그라미 형태로 이어진 지리산둘레길 구간 개념은 하루 정도 피곤하지 않을 정도의 여정을 감안해 구분 지었을

지리산둘레길 마을 현황

시·군	면	마을
남원시	주천면	송치리(웅치), 용궁리(내용궁), 장안리(외평), 은송리(내송), 덕치리(노치·회덕)
	운봉읍	덕산리(가장), 행정리(행정·엄계), 산덕리(삼산), 신기리(신기), 화수리(전촌·비전·군화)
	인월면	인월리(인월·월평·중군)
	산내면	장항리(장항), 대정리(매동), 중황리(중황·상황)
함양군	마천면	창원리(창원), 의탄리(금계·의평·의중)
	휴천면	송전리(모전·세동), 운서리(운서), 동강리(동강·점촌)
산청군	금서면	방곡리(방곡), 수철리(수철·지막·평촌·대장)
	산청읍	내리(풍헌), 내리(지성), 옥산리
	단성면	방목리(어천·청계), 운리(점촌·탑동·운리·원정)
	시천면	사리(마근담·덕산), 사리(구장터·양당·연화), 중태리(중태·유점)
하동군	옥종면	위태리(위태·안몰), 궁항리(오율·궁항·양이터마을)
	청암면	상이리(나본), 평촌리(평촌·화월), 관점리(관점), 명호리(상존티, 명사)
	적량면	동리(동촌·이정), 우계리(서당·괴목·신촌·원우·상우), 관리(율곡·관동)
	하동읍	흥룡리(먹점), 읍내리(중동·율동)
	악양면	미점리(미동), 축지리(대축), 입석리(입석), 봉대리(대촌·봉대). 평사리
	화개면	부춘리(부춘·원부춘), 운수리(도심·중촌), 정금리(대비), 탑리(백혜·가탄), 삼신리(법하)
구례군	토지면	외곡리(기존·추동), 송정리(송정), 파도리(파도), 오미리(하죽·내죽·솔까끔마을·오미), 용두리(용두), 금내리(원내)
	마산면	사도리(하사·상사·황전)
	광의면	수월리(수한·당촌), 방광리(방광), 온당리(당동·난동·온동), 연파리(연파), 구만리(구만)
	구례읍	백연리(봉북)
	산동면	계천리(계척·원동·연관·현천), 원촌리(원촌), 내산리(효동), 탑정리(탑동)

※ 마을현황은 인근마을까지 포함한 것임

뿐, 시작과 끝을 명기하지 않았다. 특히, 구간은 대중교통이 들고나는 곳을 중심으로 구분했다. 차를 두고 대중교통을 이용하는 것이 걷기 여행의 출발선이라는 생각과 아울러 이것이 환경오염을 줄이는 최소한의 방법이기 때문이다.

구간의 구분은 마을과 마을의 이름으로 연결된다. 주천~운봉, 운봉~인월, 인월~금계 등 마을 이름 구간 표시를 통해 순례자들이 지역을 더 많이 알게 되는 기쁨을 누렸으면 한다. 시작점과 종점의 선택은 여행자의 몫이다.

지리산둘레길의 표식

지리산둘레길 표식은 나무로 만들어진 장승형 이정목(벅수)와 구간의 이야기를 간략화한 이야기 표지판이 있다. 벅수는 날개형과 원통형이 있다. 날개형은 날개에, 몸통형은 몸에 검정색과 빨간색 화살표가 있다. 화살표는 방향을 의미한다. 지리산둘레길은 환형으

로 되어 있어 같은 색 방향을 따라 걸으면 원래 시작한 지점에 이른다. 이정목(벅수) 하단에 벅수 번호가 있어 응급사항이 발생할 때 벅수 번호를 알려주면 된다.

지리산둘레길의 또 다른 표식은 '생명평화지리산둘레길 백대서원문'이 새겨진 길 좌표이다. 백대서원문의 제자(題字)는 우리사회 원로 및 종교지도자, 지역 어른들이 친필로 한 문장씩 썼다. 순례자들은 지리산둘레길을 걷다보면 백대서원문의 한 문장, 한 문장이 가슴에 남을 것이다. 백대서원문 길 좌표는 후원을 통해 설치되고 있다. 1,000명의 마음을 모아 백대서원문 길 좌표가 완성되는 날, 지리산둘레길은 우리 사회를 성찰하고 자신을 돌아보는 진정한 순례길로 자리잡을 것이다.

생명평화 지리산둘레길 '천년의 꿈'

지리산둘레길은 성찰과 회고의 길이자 생명평화를 화두로 삼은 순례자들이 제안한, 사람이 지리산을 바라보며 걷는 길이다. 물질문명사에 대한 위기는 자연에 대한 인간의 위해로 나타나고 걷잡을 수 없는 불확실성의 시대에 생명위기의 현상들이 난무한다. 세기의 선각자들은 하나같이 자연으로 회귀, 내면의 소리에 마음을 기울이고 모든 생명의 존귀한 가치가 발휘되는 생명평화를 이야기 한다.

티베트 고산 트레일, 스페인 산티에고, 일본 시코쿠처럼 세계인들이 즐겨 찾는 순례길이 불교와 그리스도교 같은 종교적 전통이 있고, 그 지역의 역사와 함께한 자연인문사회적인 전통과 가치를 지닌 길이듯이, 지리산둘레길이 생명과 평화의 기운이 샘솟는 길이 되기를 기원한다. 지리산둘레길에서 자연과 인간, 인간과 인간이 만나 걷는 이 가슴 가득 푸름을 키우는 일이 이어졌으면 한다.

"20여 년 전 어느 날이었습니다. 어머니 지리산의 절실한 물음과 당부의 말씀을 거역할 수 없는 하늘과 땅의 소리, 인류역사의 소리, 생명의 쇠북소리가 잠들어 있는 우리의 영혼을 흔들어 깨웠습니다. 그때부터 범종교 시민대중이 어머니 지리산의 말씀을 화두로 붙잡고 땀 흘리는 여행을 시작했습니다. 돌이켜보면 인드라망 생명공동체 · 주민자치 생태자립 마을공동체 · 지리산을 사랑하는 열린 연대 · 지리산 살리기 국민행동 · 지리산 공부모임 · 좌우대립 지리산 희생자 합동위령제 · 생명평화 민족화해 평화통일 좌우대립 희생자 천일기도 · 지리산 생명연대 · 지리산 생명평화결사 · 생명평화 전국 탁발순례 · 사단법인 숲길 · 생명평화 지리산둘레길 · 지리산 종교연대 천인천일순례 라는 이름으로 어머니 지리산의 물음과 당부에 대한 해답을 만들고자 먼 길을 걸어왔습니다."

— 도법 '지리산 천년의 꿈' 중에서

온 세상 온 생명의 평화를 위한 100만명 순례

　지리산둘레길을 순례하려는 분들은 사단법인 숲길이 운영하는 순례자센터에 들려 필요한 여행정보가 들어있는 지리산둘레길 스탬프 포켓북을 구매할 수 있다. 순례자들은 자신의 계획에 따른 여행을 마치고 처음 출발한 센터에 도착해 완주가 확인되면 지리산둘레길 완주증인 '지리산둘레길 순례증'을 발급받을 수 있다.

　우리는 지리산둘레길을 순례하는 이들이 많아질수록 우리 사회에 생명과 평화의 기운이 점점 더 고양될 것이라 믿는다. 지리산둘레길 순례자들이 1,000명이라면 지리산에서 희망의 씨를 뿌리는 것이고, 1만명이 되면 우리 사회가 더불어 사는 공동체임이 확인되는 것이며, 10만명이 된다면 행복한 세상에 사는 것이며, 100만명이 되면 온 세상과 온 생명이 평화롭게 살 수 있을 것이다.

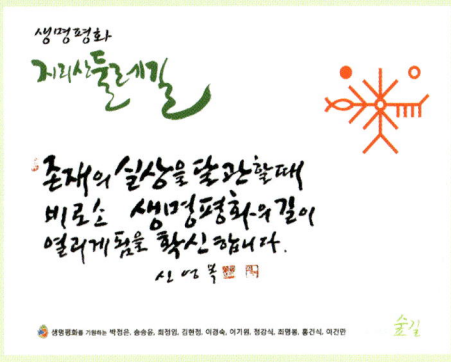

〈백대서원문 새김판〉

〈지리산둘레길 순례증〉

〈지리산둘레길 스탬프 포켓북〉

지리산둘레길 한눈에 보기

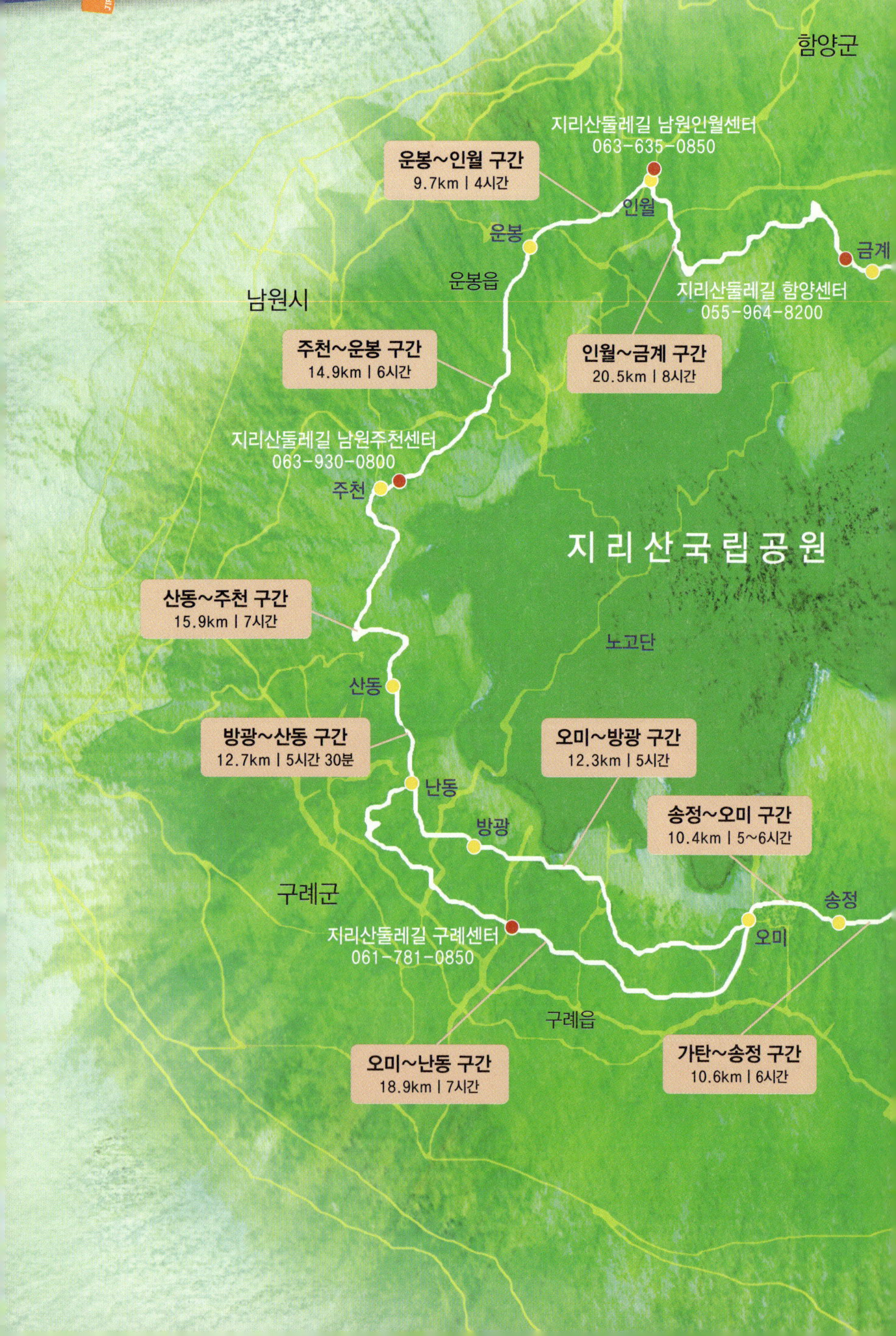

함양군

지리산둘레길 남원인월센터
063-635-0850

운봉~인월 구간
9.7km | 4시간

운봉

인월

금계

운봉읍

지리산둘레길 함양센터
055-964-8200

남원시

주천~운봉 구간
14.9km | 6시간

인월~금계 구간
20.5km | 8시간

지리산둘레길 남원주천센터
063-930-0800

주천

지 리 산 국 립 공 원

산동~주천 구간
15.9km | 7시간

노고단

산동

방광~산동 구간
12.7km | 5시간 30분

오미~방광 구간
12.3km | 5시간

난동

방광

송정~오미 구간
10.4km | 5~6시간

구례군

지리산둘레길 구례센터
061-781-0850

송정

오미

구례읍

오미~난동 구간
18.9km | 7시간

가탄~송정 구간
10.6km | 6시간

지리산 둘레길

이원규

5월의 푸른 눈빛으로 그대에게 갑니다
함부로 가면 오히려 병이 더 깊어질 것만 같아
생의 마지막 사랑마저 자꾸 더 얕아질 것만 같아
빠르고 높고 넓고 편한 길을 버리고
일부러 숲길 고갯길 강길 들길 옛길을 에둘러
아주 천천히 걷고 또 걸어서 그대에게 갑니다

잠시라도 산정의 바벨탑 같은 욕망을 내려놓고
백두대간 종주니 지리산 종주의 헉헉
앞사람 발뒤꿈치만 보이는 길 잠시 버리고
어머니 시집 올 때 울며 넘던 시오리 고갯길
장보러 간 아버지 술에 취해 휘청거리던 숲길
애빨치 여빨치 찔레꽃 피는 돌무덤을 지나
밤이면 마실 처녀총각들 물레방앗간 드나들고
당산 팽나무 달 그늘에 목을 맨 사촌 누이가
하루 종일 먼 산을 바라보던 옛길
그 잊혀진 길들을 걷고 걸어 그대에게 갑니다

찔레순 꺾어 먹으며 층층나무 환한 용서의 꽃길
내내 몸을 숨긴 채 따라오던 검은등빼꾸기가

홀딱벗-고, 홀딱벗-고! 욕망을 비웃는 반성의 숲길
3도 5군 12면 100여 마을을 지나는
성찰과 상생의 지리산 둘레길
어머니의 ○, 용서의 ○, 사랑의 ○, 오옴의 ○
비로소 발자국으로 850리 거대한 동그라미 하나 그리며
날마다 보랏빛 붓꽃으로 신록의 편지를 쓰는
5월의 푸른 눈빛으로 그대에게 갑니다

그리하여 돌아올 때는 그대와 더불어
섬진강변을 걸어 이팝나무 꽃그늘 속으로 왔으면 좋겠습니다
검은등뻐꾸기가 어허허-허 어허허-허! 놀리는 소리에
괜스레 얼굴 붉히며 슬쩍 손이라도 잡으며
상사폭포 수락폭포를 지나 그렇게 돌아왔으면 좋겠습니다

춘향의 노래

복효근

지리산은
지리산으로 천 년을 지리산이듯
도련님은 그렇게 하늘 높은 지리산입니다

섬진강은
또 천 년을 가도 섬진강이듯
나는 땅 낮은 섬진강입니다

그러나 또 한껏 이렇지요
지리산이 제 살 속에 낸 길에
섬진강을 안고 흐르듯
나는 도련님 속에 흐르는 강입니다

섬진강이 깊어진 제 가슴에
지리산을 담아 거울처럼 비춰주듯
도련님은 내 안에 서있는 산입니다

땅이 땅이면서 하늘인 곳
하늘이 하늘이면서 땅인 자리에
엮어가는 꿈

그것이 사랑이라면

땅 낮은 섬진강 도련님과
하늘 높은 지리산 내가 엮는 꿈
너나들이 우리
사랑은 단 하루도 천 년입니다

지리산에 가면 있다

박남준

순한 애벌레처럼 가는 길이 있다
땀 흐르던 그 길의 저기쯤 마을이 보이는 어귀에는
오래 묵은 당산나무 귀신들이 수천천수
관음의 손을 흔들며 맞이해서
오싹 소름이 서늘한 길이 있다

두리번두리번 둘레둘레
한눈을 팔며 가야만 맛을 보여주는 길이 있다
더운 여름날 쫓기 듯 잰 걸음을 놓는 눈앞에는
대낮에도 백년여우가 홀딱홀딱 재주를 넘으며
간을 빼먹는다는 소문이 무시무시한 길이 있다

서어나무 숲이, 팽나무 숲이, 소나무 숲이,
서걱서걱 시누대 숲이 새파랗게 날을 벼리고는
데끼 놈, 게 섯거랏 싹뚝,
세상의 시름을 단칼에 베어내고
도란도란 낮은 산길이 들려주는 이야기
작은 산골마을들이 풀어놓은 정겨운 사진첩

풍풍풍 샘물에 목을 축이며 가는 길이 있다

막걸리 한 두잔의 인심이 낯선 걸음을 붙드는 길이 있다
높은 산을 돌아 개울을 따라 산과 들을 잇고
너와 나 , 비로소 푸른 강물로 흐르고 흐르는
아직 눈매 선한 논과 밭, 사람의 마을을 건너는 길이 있다

엄천강 풍경

강희근

강이 좁은 들녘을 적시고 흐르다가 이어
숲을 지난다
눈이 많이 와 쌓일 때는 숲도 벼랑이다
이곳에서 흐르는 강은 좁은 데가
미덕이라는 걸 배우지만
깨닫기도 전에 산벼랑을 만나
래프팅 같이 기웃둥거리며 간다
엄천강이라는 이름이 끝나기까지는 좁은 들녘
산벼랑이다
운명처럼 강은 제가 고를 수 있는
것 노래밖에 없다
속으로 음표를 가다듬어 볼 양인가,
밖으로 음표머리 뚝 찍어올려 볼 양인가
그런 정도에 황혼이 오고 별밤이 가고
콧등에 달린 땀방울 같은 새벽이슬이
내린다
바람이 와 소꿉놀이 하는 것도
이 시골내기 수줍은 강과는 관계가 없고
도깨비들
솔거가 그린 솔처럼 벼랑에 붙어

사는 전설도
배먹어 보지 못한 새댁 같은 강에게는
많이 무겁다
때로는 작은 친구 하나 합류해 들어오고
들어와서는 제가 본 것들 조랑 조랑 말하고
조랑 조랑 삐지는 게
일과일 뿐 강은
좁은 들녘을 적시고 흐르다가 이어
숲을 지난다

지리산길

이봉연

이끼 낀 자리마다
푸진 얘기들
파랗게 돋아나는 길

정상을 목표로 한 길이
아니어도 좋다.
서두르며 가는 길이
아니어도 좋다
반듯 한 길이
아니어도 좋다
깊이를 알수있는 길이
아니어도 좋다

산과 마을 사이로
계곡과 구름사이로
구불구불 이어지는 길
다랑논 돌담처럼
쌓여진 더운 입김들
이름도 없이 피었다 져간
아름다운 사람들

정겨운 마음들을
안개처럼 만나는 길

전설 속을 걸어가는
아름다운 지리산 길

지리산둘레길

주천~운봉
운봉~인월
인월~금계
금계~동강
동강~수철
수철~성심원
성심원~운리
운리~덕산
덕산~위태
위태~하동호
하동호~삼화실
삼화실~대축
하동읍~서당
대축~원부춘
원부춘~가탄
가탄~송정
송정~오미
오미~난동
오미~방광
방광~산동
산동~주천

솔숲에서 나를 만난다
'무사와 안녕을 빌며 오간 길'

지리산 서북 능선을 바라보면서 걷는 길이다. 해발 500m인 운봉고원의 너른 들과 6개 마을을 잇는 옛길과 제방길로 구성된다. 이 구간은 옛 운봉현과 남원부를 잇던 옛길이 지금도 잘 남아 있다. 회덕에서 남원으로 가는 길은 남원장을, 노치에서 운봉으로 가는 길은 운봉장을 보러 다녔던 길이다. 특히 10km의 옛길 중 구룡치와 솔정지를 잇는 회덕~내송까지의 옛길(6km)은 길 폭도 넉넉하고 노면이 잘 정비되어 있으며 경사도가 완만해 아이를 동반한 가족들이 솔숲을 즐기기에 더할 나위 없이 좋다.

주천~운봉
(운봉~주천)

수많은 사연이 담긴 옛길이 시작되는 안솔치마을(내송마을)의 개서어나무숲 개미정지.

주천면 → 내송마을(1.1km) → 구룡치(2.5km) → 회덕(2.5km) → 노치(1.2km) → 가장마을(2.2km) → 행정마을(2.2km) → 양묘장(1.6km) → 운봉읍(서림공원, 1.6km)

거 리 약 14.9km
시 간 6시간
주 천 남원시 주천면 지리산둘레길 주천센터
운 봉 남원시 운봉읍 서림공원

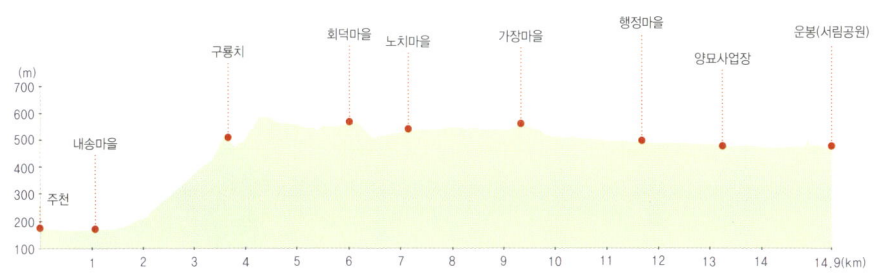

구간 한눈에 보기

❶ 주천센터 주천~운봉 구간이 시작되고 끝나는 지점이다. 버스정류장 바로 옆에 있으며, 지리산 둘레길과 주변 관광지 안내를 받을 수 있다. 주차장, 화장실, 그늘막이 있다.

❷ 개미정지 내송리 개서어나무숲. 내송마을을 지나 농로가 끝나면 개서어나무숲이 나오는데 개미정지다. 정지는 쉼터를 말한다. 여기서부터 산길이 시작된다. 시원한 그늘과 의자가 있어 잠시 쉬어가거나 도시락 먹기 좋다.

❸ 구룡치 구룡치와 솔정지 사이는 산길이다. 약간 힘이 드는 구간. 그렇다고 심한 경사는 아니다. 아기자기한 솔숲 사이를 걷는 맛이 좋다. 중간 중간 트이는 조망도 시원하다.

❹ 사무락다무락 사무락다무락과 구룡치 사이는 보기만 해도 기분이 상쾌해지는 평탄한 숲길이 이어진다. 길옆 돌탑들이 사무락다무락이다. 액운을 막고 무사하기를 바라는 마음을 돌에 담아 올렸다. 잠시 걸음을 멈춰 마음을 더하고 가는 것도 좋겠다.

❾ **서림공원** 운봉읍사무소에서 인월 방향으로 100m 지점이 운봉 주천 구간의 시작과 끝이 되는 곳이다. 이곳에서 남원시로 가는 버스가 있다. 행정마을과 운봉읍 사이는 곧게 뻗은 제방길이 평탄하다.

❽ **양묘장** 서부지방 산림청에서 운영하는 양묘연구시설이다. 다양한 나무의 어린 묘목을 볼 수 있다.

❼ **행정마을** 덕산저수지와 행정마을 사이는 제방길이 이어진다. 넓고 곧은 흙길이 걷기에 좋다. 그늘이 부족해 모자가 필요한 구간이기도 하다. 행정마을에 들어서면 길은 다시 포장길이 된다.

❻ **노치마을** 백두대간과 둘레길이 만나는 마을이다. 멀리 지리산 서북능선이 보이는 풍광이 좋다. 쉼터를 지나면 포장길을 벗어나 논두렁길이 나온다. 벅수 방향으로 계속 걸으면 된다.

❺ **회덕마을** 회덕마을 입구에서 산길이 끝나고 포장된 길이 시작된다. 작은 개울을 지난 길은 들녘을 따라 노치마을까지 이어진다. 그늘이 없어 모자가 있으면 좋은 길이다.

구간 자세히 보기

주천 찾아가기
남원시외버스터미널 건너편에서 주천(육모)행 버스를 타 주천 안내센터 앞에서 내리면 된다.

주천에서 돌아가기
지리산둘레길 남원주천센터 앞에서 남원시외버스터미널행 버스를 타 남원시외버스터미널에서 내리면 된다.

자가용 이용
주천 전북 남원시 주천면 외평2길 5
운봉 전북 남원시 운봉읍 서천리 42 운봉 서림공원

Ⓐ 외평마을(주천)

주천~운봉구간은 주천면소재지인 외평마을에서 시작된다. 외평마을은 옛날 서울로 가는 큰 길에 위치한 마을이다. 구례사람들이 산동면 원달리를 거쳐, 용궁마을, 외평, 외송

마을 앞을 지나 솔치고개를 넘어 서울로 갔다. 외평마을에는 면사무소, 보건진료소, 약국, 주유소, 농협하나로마트 등이 있어 준비물을 살 수 있다. 치안센터에서 육모정 방면 100m 정도 가면 남원시 지리산둘레길 주천센터에서 리플릿과 간단한 안내를 받으면 좋다.

Ⓑ 내송마을과 개미정지

내송마을을 지나 농로가 끝나면 개서어나무숲이 나오는데 개미정지다. 정지는 쉼터를 말한다. 시원한 그늘과 의자가 있어 잠시 쉬어가거나 도시락을 먹기에 좋다. 옛날 남원장을 보러 가던 이들도 무거운 보따리를 풀고, 마을 사람들도 나뭇짐을 잠시 내려놓고 쉬어갔을 것이다. 아이들에게는 더 없이 좋은 자연놀이터가 되었을 거고. 조경남 의병장군의 전설이 서린 곳이기도 하다.

ⓒ 솔정지

마을 분들은 솔정자를 '솔정지'라고 한다. 솔정자는 20여 년 전만 해도 나무하러 지게를 지고 가다가 고개를 오르기 전에 땀을 식히며 주천 들녘과 멀리 숙성치와 밤재를 바라보던, 아름드리 소나무가 있던 곳이다. 내송 주막거리를 지나다 마신 술을 달래며 등에 짊어졌거나 손에 든 짐을 내려놓고 쉬었을 것이다. 옛이야기에 따르면 정유재란 당시 숙성치를 넘어 남원성을 향하는 왜군을 향해 조경남 장군이 활시위를 당겼던 곳이라고도 한다.

유용한 전화번호
남원시내버스 063-631-3116
남원시외버스 1688-6021
남원역 1544-7788

콜택시
남원(주천) 063-625-0480
운봉 063-634-0398
　　　063-634-0041
　　　063-634-0555

지리산둘레길 남원인월센터
063-635-0850

지리산둘레길 남원주천센터
063-930-0800

ⓓ 구룡치

구룡치는 주천면의 여러 마을과 멀리 달궁마을 주민들이 남원장을 가기 위해 지나야 하는 길목이었다. 달궁마을에서는 거리가 멀어 남원장에 다녀오는데 2박3일이 걸렸

다고 한다. 구룡치를 장길로 이용하던 마을 주민들이 해마다 백중(음력 7월 15일)이 지나면 마을별로 구간을 나누어 길을 보수해 이용해 왔다. 지금도 예전의 보수 흔적을 찾아볼 수 있다. 구룡치는 숲길이 이어져 있어 걷기 정말 좋다. 소나무 숲길을 걷다 계곡을 만나 손과 얼굴을 씻을 수 있고, 하늘로 승천하는 용을 닮은 소나무도 볼 수 있다. 가다보면 사무락다무락이 나오는데 갈 때는 무사히 다녀오겠다고, 올 때는 잘 다녀왔다고 돌을 얹어 놓고 빌었던 곳이다.

E 회덕마을

임진왜란 때 밀양 박(朴)씨가 피난해 살게 된 것이 마을을 이룬 시초라고 한다. 본래는 남원장을 보러 운봉에서 오는 길과 달궁에서 오는 길이 모인다고 해서 '모데기'라 불렀다. 풍수지리설에 따르면 덕두산(德頭山), 덕산(德山), 덕음산(德陰山)의 덕을 한 곳에 모아 마을을 이루었다는 뜻이다. 회덕마을은 평야보다 임야가 많아 짚을 이어 만들기보다 억새를 이용해 지붕을 만들었다. 현재도 그 형태를 보존하고 있다.

F 노치마을

조선 초에 경주 정(鄭)씨가 머무르기 시작했고, 이어 경주 이(李)씨가 들어와 지금의 마을이 형성됐다. 노치마을은 해발 500m. 서쪽으로 구룡폭포와 구룡치, 뒤로는 덕음산, 정면으로는 지리산의 관문이라고 말하는 고리봉과 만복대가 자리했다. 주민들은 마을 이름을 '갈재'라고 부르는데, 이는 높은 산줄기가 갈대로 덮인 것에서 유래한다. 현재는 고리봉에서 수정봉으로 이어지는 백두대간이 관통하는 마을로 널리 알려져 있다. 노치마을에 비가 내려 왼쪽으로 흐르면 섬진강이 되고 오른쪽으로 흐르면 낙동강이 된다.

G 덕산저수지

노치마을을 지나면 덕산저수지가 나온다. 둘레길은 저수지를 끼고 돈다. 솔숲과 시원한 저수지가 어울려 청량하다. 덕산저수지가 잘 보이는 심수정에서 땀을 식히고 가면 좋다. 덕산저수지가 끝나는 곳에서 숲길은 다시 시작된다.

ⓗ 행정마을과 개서어나무숲

행정마을은 숲이 아름다운 곳이다. 마을 숲은 마을의 역사, 문화, 신앙 등을 바탕으로 한다. 마을 사람들의 생활과 직접적인 관련을 가지며, 마을 사람들에 의해 인위적으로 조성되어 보호되고 유지된다. 그래서 단일 수종인 경우가 많다. 행정마을 숲은 개서어나무로 이뤄졌다. 마을 사람들은 지금도 주위에 나무를 심으며 숲을 보호하기 위해 많은 노력을 기울인다. 마을 숲은 당산제를 올리고, 주민 모두 모일 수 있고, 아이들의 놀이터가 되는 곳이다.

ⓘ 양묘장(운봉읍)

서부산림청 양묘연구시설이다. 다양한 수종의 식물들도 볼 수 있어 아이들과 함께하는 걸음이라면 둘러보자.

 지역과 함께하는 둘레길 여행

오일장

운봉장(1, 6일)
운봉장은 지리산 정령치 방면을 통과하는 지점에 위치해 찾는 이들이 많았다. 하지만 최근 들어 인근 지역에 새로운 시장과 마트가 생기면서 계절별 산채류 등을 파는 상설 시장 역할로 축소됐다. 그래도 토속 농산물과 고랭지 채소, 약초 등 재래시장의 향수를 맛볼 수 있는 품목들이 있어 한번 쯤 찾아볼만 하다.

남원장(4, 9일)
남원공설시장에서 열린다. 최근에 7천여평 터에 원래 있던 한옥들을 없애고 콘크리트 상가를 새로 지어 옛 오일장의 모습이 많이 사라졌다. 하지만 지금도 장날이면 많은 사람이 모여들어 옛 풍류를 그대로 보여주고 있다. 해산물전, 포목전, 건어물전, 그릇전, 잡화전, 농기구전, 청과물전, 채소전, 곡물전, 약초전 등이 구색 맞춰 있다.

지역 생산물
오미자, 복분자, 곰취, 파프리카, 사과, 상추.

은행(농협), 우체국
주천면, 운봉읍.

매점
주천면, 운봉읍.

통영별로를 따라 역사와 옛길 찾아 걷는 길

오른쪽으로 바래봉과 고리봉을 잇는 지리산 서부능선을 조망하고 왼쪽으로는 수정봉, 고남산으로 이어지는 백두대간을 바라보며 운봉고원을 걷는 길이다. 조선시대 통영별로가 지나던 곳으로 24번 국도와 연하여 있다. 제방길을 따라 걷기도 하고 임도, 숲길이 이어져 있다. 운봉의 너른 들판에 시선을 주면서 호탕하게 걸을 수 있다.

전촌마을 머을숲. 마을의 평화와 안녕을 기원하며 마을 주민들이 가꿨다.

운봉~인월
(인월~운봉)

운봉읍 → 서림공원(0.2km) → 북천(0.4km) → 신기(1.5km) → 비전(2km) → 군화동(0.8km) → 흥부골자연휴양림(2.8km) → 월평마을(1.5km) → 구 인월교(0.2km) → 남원센터(0.8km)

거 리 9.7km
시 간 4시간
운 봉 운봉 서림공원
인 월 남원시 인월면 인월2길 95 남원인월센터

지리산국립공원

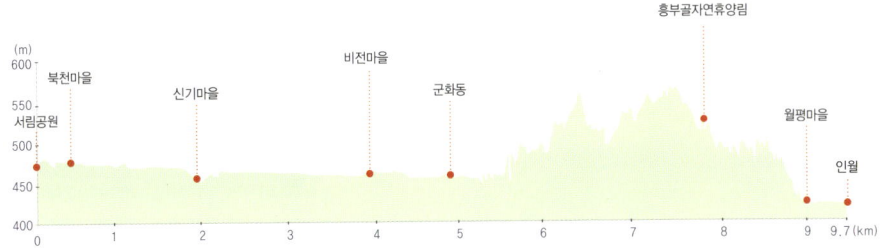

구간 한눈에 보기

❶ 운봉읍 운봉읍내는 아직까지 옛날 모습이 많이 남아있다. 한국전쟁 이후 인월장을 보러가는 불편함을 덜기 위해 운봉장이 만들어져 지금도 오일장이 선다. 상가의 간판에서 근대화의 상징들을 엿볼 수 있다.

❷ 서림공원 제방길 비전마을에서 서림공원으로 가는 둑길은 너른 운봉 들녘을 적시는 람천을 따라 5km 이어진다. 이 길에서는 천연기념물인 수달과 원앙 외에 여러 종류의 동식물을 볼 수 있다. 서림공원 그늘에서 휴식을 취하고 석장승도 둘러보면서 여행의 재미를 더해보자.

❸ 북천마을(북천리 석장승) 운봉 읍내의 북쪽 냇가 마을. 소나무가 우거진 마을이라 벽송동(碧松洞)으로, 객사가 있는 마을이라 객사마을로도 불리었다. 석장승 2개가 늠름하게 마을을 지키고 있다.

❹ 람천 지리산에서 흐르는 물은 낙동강과 섬진강을 이룬다. 람천은 운봉을 지나 인월, 용유담, 경호강, 남강으로 이어져 마침내 낙동강으로 흐른다. 람천은 철새와 수달이 즐겨 찾는 곳으로, 이 외에도 다양한 동식물들의 서식처가 되고 있다.

❽ 흥부골자연휴양림 지리산 국립공원과 연계된 곳으로 덕두봉(해발1,150m)자락에 위치했다. 수경 55년생 내외의 잣나무 군락이 피톤치드를 내뿜어 삼림욕에 최적의 조건을 갖추었다. 각종 편의시설도 이용할 수 있다.(063-636-4032)

❼ 옥계호 군화마을에서 국도를 지나면 임도 시작 전에 옥계호가 나온다. 이곳은 산양삼 재배지역이다. 옥계호에 비친 풍경이 아름답다.

❻ 국악의 성지 동편제 소리의 발상지와 판소리의 유네스코 세계무형문화유산 등록을 기념하고, 국악의 보존·전승·발전의 기틀을 마련하기 위해 남원시가 설립했다. 각종 국악 관련 공연과 체험 프로그램을 운영하고 있어 방문하면 좋다.

❺ 송흥록생가, 황산 대첩비(비전마을) 서편제와 더불어 판소리 양대 산맥 중 하나가 동편제다. 동편제 창시자인 가왕 송흥록 명창이 이곳 비전마을에서 태어났으며 동편제 계보가 시작된 곳이기도 하다. 비 앞에 있다하여 비전마을. 고려 말 이성계의 업적을 기리는 황산대첩비가 세워지고, 비각을 관리하기 위해 사람들이 모여살기 시작하면서 마을이 형성됐다.

구간 자세히 보기

운봉 찾아가기

운봉은 교통이 편리하다. 남원 터미널에서 운봉으로 가는 버스가 자주 있다. 남원시외버스터미널 건너편에서 운봉행 버스를 타 운봉파출소 앞에서 내리면 된다.

운봉에서 돌아가기

운봉읍 운봉우체국 앞에서 남원 시외버스터미널행 버스를 타 남원시외버스터미널에서 내리면 된다.

인월 찾아가기

남원이나 함양에서 인월행 버스를 타 인월터미널에서 내려 지리산둘레길 남원인월센터를 찾으면 된다.

Ⓐ 운봉

그 옛날 이곳은 신라와 백제의 접경지대였다. 신라 영토였지만 경주까지 위협할 정도로 세력을 떨쳤던 의자왕 40년에 백제가 잠시 점령하기도 했다. 백두대간을 따라 노치산성, 수정산성, 준향리 읍지, 양지산성, 아막산성 등 국경의 흔적들이 남아 있다. 남원과 장수, 운봉과 남원으로 장을 보러 다녔던 고갯길도 많다. 해발 500m 이상 되는 고지임에도 들이 넓다. 고원이라 1모작을 하고, 상추, 씨감자, 화훼 등 고랭지 농사를 짓는다. 추수도 빠르다. 바래봉에서 시범적으로 면양을 키우기도 했었다. 그만큼 일손이 많이 필요했던 곳이었다. 지금은 기계가 사람을 대신하고 있다.

Ⓑ 서림공원

서천리 '선두숲'으로도 불렸다. 서림공원에 들어서면 석장승이 먼저 눈에 들어온다. 운봉 전체를 지키는 방어대장군과 진서대장군. 운봉 사람들이 각별히 아끼는 석장승들이다. 운봉에는 유난히도 석장승이 많은데, 열악한 운봉의 자연조건과 연관이 깊다. 운봉은 해발고도가 높고 일교차가 심해 농사가 고되다. 농촌에서는 노동력이 생산력을 결정하고 생활의 질을 판가름 하기 마련인지라, 열악한 조건을 이겨내는 길은 공동체의 힘을 키우는 방법뿐이었다. 그 결과물이 바로 마을의 수호신, 석장승이다.

Ⓒ 갑오토비사적비

서림공원에 운봉 여기저기 흩어져 있던 비(碑)들을 모아 놓았다. 그 중에 유난히도 큰 비가 갑오토비사적비다. 갑오농민전쟁 때 김개남과 농민군은 남원성을 점령하고, 집강소 설치를 끝까지 반대하며 저항하고 있던 운봉현을 빼앗기 위해 산동면 부절리에서 장교리 방아치와 가동리 관음치를 공격한다. 그러나 민보군(관군)의 수장 박봉양에게 패한다. 돌아와 남원성에서 배수진을 쳤으나 이마

저도 함락당하고 만다. 이 민보군의 전적을 기리는 비가 커다란 갑오토비사적비다. 그 때나 지금이나 민중의 소원을 담은 것은 소박함을 지니고 권력은 힘을 상징하듯 커다랗게 세우나 보다.

Ⓓ 북천리 석장승

북천마을에도 석장승이 마을을 지키고 서 있다. 동방축귀대장군과 서방축귀대장군이다. 이 둘은 개성이 뚜렷한 얼굴을 가졌다. 유난히 귀가 커 후덕한 인상인 동방축귀대장군은 언뜻 미륵의 생김새와 겹쳐지고, 서방축귀대장군은 '만복사지' 석상과 형상이 닮았다.

Ⓔ 신기마을

선조 28년(1595), 임진왜란이 휴전상태에 접어들어 왜적이 잠시 철수하고, 영남이 아직은 안정을 찾지 못하고 혼란스런 때 이곳에 터를 잡은 입향조는 인동 장씨 장덕복(長德福)이었다. 그가 보기에 이곳은 지리산이 바라보이는 자리에 우뚝 솟아 마을을 보호하고 만복이 자손대대로 이어지는 천혜의 명당터였다. 그래서 새 삶을 시작하는 터전이란 뜻으로 '새터(신기,新基)'라 이름 짓고 살기 시작했다고 한다. 소(牛) 형국인 마을 북쪽 쇠잔등(고개)이 잘려나간 자리에 쇠한 기운을 막고자 마을 주민들이 직접 토성(土城)을 쌓았다.

자가용 이용
운봉 운봉 서림공원
인월 전북 남원시 인월면 인월2길 95(지리산둘레길 남원인월센터)

유용한 전화번호
남원시내버스 063-631-3116
남원시외버스 1688-6021
남원역 1544-7788
인월버스터미널 063-636-2000
함양버스터미널 1688-7494

콜택시 전화번호
운봉 063-634-0398
　　　063-634-0041
　　　063-634-0555
인월 개인택시
　　　063-636-5033
　　　063-636-5123
　　　063-636-5512
　　　063-636-5563

　　　남원교통
　　　063-636-2162

국악의 성지 체험문의
063-620-6905

지리산둘레길 남원인월센터
063-635-0850

숙소

지리산 둘레길 홈페이지(www.trail.or.kr)를 이용하자. 홈페이지의 각 구간별 정보 아래쪽에 있는 민박 정보에서 민박집 전화번호를 얻을 수 있다.

F 비전마을

황산대첩비가 세워지고 이를 관리하기 위해 사람들이 모여 살기 시작하면서 마을이 형성됐다. 마을이 비(碑) 앞에 있다 하여 비전(碑前) 마을로 불린다. 마을 5리 전에는 하마정이 있었다. 이곳에서 말을 내려 걸어와 비 앞에서 절을 했다. 하마정은 구한말까지 2층 정자가 있어 주변 주막의 기녀(기생)와 소리꾼, 가마꾼(轎軍)이 상주했다고 한다. 그래서 비전을 역촌이라 부르기도 했다. 또한 이곳은 조선말 동편제의 가왕(歌王)이라 일컫는 송흥록과 송만갑이 태어났고, 명창 박초월이 성장한 동편제의 고향이다. 이를 기념해 국악의 성지가 세워졌다. 비전 마을이 동편제의 발상지가 된 게 이곳 하마정과 무관하지 않다고 한다.

G 국악의 성지

동편제 소리의 발상지이자 춘향가와 흥부가의 배경지인 것을 기념하고, 판소리의 유네스코 세계무형문화유산 등록을 시작으로 국악의 보존·전승·발전의 기틀을 마련하기 위해 남원시가 설립했다. 각종 국악 관련 공연과 체험 프로그램을 운영하고 있어 방문하면 좋다. 문의 063-620-6905

H 군화마을(군화동)

1961년 대홍수 때 소멸된 화수리 이재민들의 이주가옥을 군인들이 지었다. 이주 후 마을 이름을 '군인들이 지은 화수 마을'이란 뜻인 군화동(軍花洞)이라 부르게 되었다.

I 월평마을

1800년대 후반 천석꾼이었던 운봉 박씨가 이곳에 터를 잡고 사람들을 모아 마을을 형성했다. 새마을이란 의미를 담아 신촌으로 불리다가 후에 마을 형국이 반월형을 닮아 월평(月坪)이라 불렀다.

마을 터가 동쪽 팔랑치를 마주하고 있어 '달이 뜨면 바로 보이는 언덕'이란 뜻도 있다.

J 신기마을

신기마을은 들판 가운데 있는 마을이다. 낮은 구릉인 마을 뒷산 가운데가 움푹 들어가 북동풍을 막지 못하고, 풍수지리적으로도 좋지 않아 이곳에 주민들이 낮은 곳을 돌아 토성을 쌓고 숲을 조성했다. 이 숲은 마을당산제를 올리는 당산숲이기도 하다.

K 지리산둘레길 남원인월센터

(사)숲길에서 운영하는 공식 순례자센터. 지도와 지역정보 등을 제공하고, 지역 축제와 체험 프로그램 등을 소개하는 지역 교류의 장이자 지리산둘레길을 찾는 이들의 쉼터다. 오전 9시 30분에 문을 열어 오후 6시까지 운영한다. 월요일은 정기 휴무일. 문의 063-635-0850

지역과 함께하는 둘레길 여행

오일장
운봉장(1, 6일)
운봉장은 지리산 정령치 방면을 통과하는 지점에 위치해 찾는 이들이 많았다. 하지만 최근 들어 인근 지역에 새로운 시장과 마트가 생기면서 계절별 산채류 등을 파는 상설 시장 역할로 축소됐다. 그래도 토속 농산물과 고랭지 채소, 약초 등 재래시장의 향수를 맛볼 수 있는 품목들이 있어 한번쯤 찾아볼만 하다.

인월장(3, 8일)
조선말부터 전라도와 경상도 주민들이 이용하던 전통시장이다. 5일마다 농축산물 판매는 물론 생활필수품을 물물교환 하면서 시작됐다. 인월, 아영, 산내, 마천, 운봉, 함양 사람들이 주로 이용해 영호남 주민들의 화합의 장이 되고 있다. 지리산 입구에 위치하고 있어 지리산에서 채취한 약초와 산채류, 지리산 흑돼지가 유명하다.

지역 생산물
감자, 남원목기, 김부각, 포도, 사과, 느타리버섯, 방울토마토 등.

은행(농협), 우체국, 매점, 식당
운봉읍, 인월면소재지

길과 이야기

주천 ~ 운봉 ~ 인월

민초들의 고단한 삶의 현장,
장바닥에서 마음을 달래고 공동의 안녕을 빌다

남원시 주천, 운봉, 인월로 이어지는 지리산둘레길의 사람살이는 고단했다. 왜구와의 싸움에서 크게 이긴 이성계의 전적을 기리는 황산대첩비, 갑오동학농민전쟁의 격전지임을 알려주는 토벌비 등이 이곳 민초들의 삶이 순탄하지 않았음을 보여준다. 더욱이 이곳은 백제와 신라의 접경 지대여서 국경이 바뀌는 과정이 곧 전쟁의 연속이었을 것이다. 지리산 북사면의 큰 능선 아래로 마을과 마을이 이어져 있다. 둘레길은 산 아래 마을 사람들이 운봉, 인월, 남원을 오고간 길이다. 운봉읍과 인월면은 한양으로 이어지는 옛날 통영별로의 큰 길이 지났던 곳으로 지금은 24번 국도를 끼고 이웃해 있다.

운봉읍은 지리산 고산지대로 해발고도 450~500미터에 이른다. 기온이 낮아 논농사 이모작을 기대하기 어렵다. 그래서 우리나라에서 가장 먼저 모내기를 한다. 지리산 북사면 구릉지에 발달한 운봉들판, 모내기를 위해 물을 가득 채우면 논은 흡사 산정호수 같다. 그만큼 넓다. 가을이 되어 이곳을 찾으면 황금빛 들판이 풍요로운 농촌의 모습을 떠오르게 하지만 이곳에서 삶을 이어가는 사람들은 고단함을 이겨내야 했다.

지금은 기계로 논을 갈고 모내기를 하고 거두지만, 노동력에 의존해야 했던 시절 고산지대의 논일은 살얼음이 어는 논바닥에 손모내기를 하고 낫으로 일일이 베어말려 추수를 해야만 했다. 그래야 식솔을 거느릴 수 있었으리라. 들판이 격전지가 되어 한 줌의 생산물도 얻지 못했던 날은 절망과 한숨으로 지냈을 것이다.

고단한 삶 속에서도 마을 당산에서 제를 올리고 어귀에 석장승을 세워 내일의 풍요를 기원했다. 아마도 동편제의 맥을 잇는 노랫가락이 투박하면서도 그 속에 애잔함이 흐르는 것은 다음 세대의 풍요를 빌던 그들의 한과 애환이 녹아들어서일 것이다. 역사는 늘 힘 가진 자들에 의해 평가되고 평민의 삶은 역사의 뒤안길을 지키게 된다. 사적지로 남은 황산대첩비나 갑오농민군토벌비는 여전히 우뚝 서 있다. 역사의 뒤안길에서 가슴을 졸이며 모두의 마음을 담아 깎아 세운 운봉의 석장승과 마을 숲의 비문들은 모진 세월 속에 해지고 바랬다. 그 시절 고단한 삶을 살았던 민초들의 얼굴 그대로다.

마을 주변에 조성된 마을 숲을 둘러보거나 여기저기 흩어져 있는 석장승의 얼굴을 어루만져보자. 고단한 삶의 조건들 속에서도 제를 올리며 현세의 악귀들을 물리치고 마을의 안녕과 다음 세대의 평화와 풍요를 빌었던 사람들의 숨결을 느낄 수 있을 것이다.

옛 사람들에게 장은 중요했다. 살아가는데 꼭 필요한 생필품을 자신의 생산물과 바꾸던 기능 외에도 장을 오가던 그 길에서 서로의 안부를 묻고 동네 처녀 총각의 혼담도 오갔으리라. 고리봉 쪽 주민들은 구룡치를 넘어 남원장을 가거나 노치마을을 지나 운봉장을 봤고, 인월, 아영, 산내, 마천, 팔령치의 함양쪽 사람들은 고갯길이나 큰 길을 따라 인월장을 오갔을 것이다.

장바닥 인심이라는 게 있다. 장이 서는 날은 누구하고나 어울려 나누고 마시며 정을 쌓았다. 행정으로 구분지어 신라, 백제, 경상도, 전라도로 경계 짓고 구분 짓는 것이 얼마나 부질없는 짓인지 그들은 이미 알고 있었으리라.

그저 서로에게 도움이 되는 방식대로 물건을 나누고 그동안의 안녕을 묻던 그 옛날의 장은 사라졌다. 그리고 모든 것이 변해버렸다.

문명의 이기로 빨라진 삶의 속도만큼 몸으로 부대끼며 살아온 내력이 몸에서 자꾸 빠져 나간다. 그렇게 이 땅에서 잊힌 민초들 삶의 흔적을 지리산둘레길에서 다시 만나는 날이 찾아오기를 기대해 본다.

창원마을에서 금계마을로 가는 길에 있는
일명 '하늘길'의 도보여행자들.

인월~금계
(금계~인월)

❶ 구인월교 → 중군마을(2.1km) → 선화사갈림길(0.8km) → 선화사(0.6km) → 수성대입구(1.1km) → 수성대(0.3km) → 배너미재(0.8km) → 장항마을(1.1km) → 서진암 삼거리(2.5km) → 중황마을(2.3km) → 상황마을(1.1km) → 등구재(1.2km) → 창원마을(3.1km) → 금계마을(3.5km)

❷ 구인월교 → 중군마을(2.1km) → 선화사갈림길(0.8km) → 삼신암(0.5km) → 수성대입구(1.3km) → 수성대(0.3km) → 배너미재(0.8km) → 장항마을(1.1km) → 서진암 삼거리(2.5km) → 중황마을(2.3km) → 상황마을(1.1km) → 등구재(1.2km) → 창원마을(3.1km) → 금계마을(3.5km)

거 리 20.5km(삼신암 경유 20.6km)
시 간 8시간
인 월 남원시 인월면 남원인월센터(인월2길 95)
금 계 함양군 마천면 함양센터(금계길 5)

성찰과 상생의 길, 그리고 생명 평화를 꿈꾸는 길

지리산 둘레길의 첫 싹이 움튼 곳이다. 남원시 산내면 상황마을과 함양군 마천면 창원마을을 잇는 옛 고갯길이 시범구간으로 열리면서 둘레길의 멋과 정취를 세상에 알렸다. 이 구간은 지리산 북부 지역의 산촌 마을을 지나 엄천강으로 이어진다. 제방길, 농로, 차도, 임도, 숲길 등이 전 구간에 골고루 섞여 있어 긴 구간임에도 지루하지 않다. 또한 제방, 마을, 산과 계곡 등 다양한 풍경을 감상하고 느끼며 걸을 수 있는 풍성한 길이다.

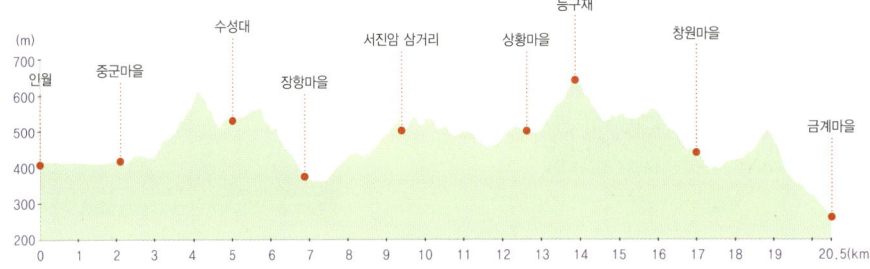

구간 한눈에 보기

❶ 인월 인월에서 월평마을로 가는 1.5km 제방길은 들판에서 지리산으로 들어서는 기분을 느끼게 한다. 저 멀리 언뜻언뜻 보이는 천왕봉 자락을 향해 나아가다 보면 월평마을을 지나 중군마을에 들어선다.

❷ 선화사, 삼신암 갈림길 이 곳에서 선화사 쪽의 숲길 또는 삼신암 쪽의 임도 길을 선택해 원하는 길을 걸을 수 있다.

❸ 수성대 중군마을 농로를 따라 오르다 보면 선화사라는 작은 암자를 지나 숲길을 걸어 수성대에 이른다. 수성대 계곡 물은 중군마을과 장항마을의 식수원으로 이용될 만큼 맑고 깨끗하다.

❹ 배너미재 수성대에서 산길을 오르다 내리막이 시작되는 곳으로 전설에 의하면 운봉이 호수일 때 배가 넘나들어 배너미재가 되었다고 한다. 운봉의 배마을(주촌리), 배를 묶어두었다는 고리봉과 함께 지리산 깊은 산속에 전해지는 배 전설이 깃든 지명이다.

❾ **금계마을** 본래 이름은 '노디목'이었다. 노디는 징검다리라는 이 지방 사투리다. 칠선계곡에 있는 마을(추성, 의중, 의탄, 의평) 사람들이 엄천강 징검다리(노디)를 건너는 물목마을이라 부른 데서 유래했다고 한다. 산촌 사람들의 정을 징검징검 날랐을 노디가 세월에 씻겨 나가고 지금은 그 위에 의탄교가 들어서 있다.

❽ **등구재** 상황마을에서 다랑논을 마주보며 오르막길을 걷다 보면 숲길이 이어지고 등구재가 나온다. 이 고개를 넘으면 창원마을로 가는 숲길이다. 발걸음이 한결 가벼워지는 구간이다. 등구재에 있는 너른 길들은 벌목한 나무들을 운반하기 위한 운재로다.

❼ **상황소류지쉼터** 소류지를 지나 농로를 걷다보면 길 밑으로 다랭이 논들이 펼쳐진다. 꽤 너른 들이라 산내면 논 가운데 반은 상황마을에 있는 것 같다. 지리산 주능선을 보며 걸을 수 있다.

❻ **매동마을** 장항교를 지나 60번 지방도를 건너 둘레길 이정표(벽수)를 보고 걸으면 매동마을 뒷길이 이어진다. 이 길을 걸어가면 지리산 능선을 볼 수 있다.

❺ **장항당산 (노루목 당산 소나무), 장항쉼터** 장항마을에서 만나는 당산 소나무는 지금도 당산제를 지내고 있는 신성한 장소다. 천왕봉을 배경으로 아름다운 자태를 드리우고 있어 감탄을 자아낸다. 당산에서 내려오면 쉼터가 있다. 왼쪽으로 매동마을 입구가, 오른쪽으로는 뱀사골이 보인다.

구간 자세히 보기

🚌 **인월 찾아가기**

남원이나 함양에서 인월행 버스를 타 인월터미널에서 내려 지리산둘레길 남원인월센터를 찾으면 된다.

남원에서 : 남원 시외버스 터미널에서 인월행 버스를 탄다.

함양에서 : 함양 시외버스터미널에서 인월행 버스를 탄다.

금계 찾아가기

함양버스터미널에서 금계(등구)행 버스를 타 금계마을에서 내리면 된다. 또는 함양터미널 길 건너 군내버스 정류장에서 유림방면(추성행) 버스를 타 금계에서 내린다. 소요시간은 50여분이다.

Ⓐ 인월장(3, 8일)

조선시대 때부터 전라도와 경상도 주민들이 이용해 온 재래시장이다. 아영, 인월, 산내, 마천 등 지역경계를 넘는 큰 장이다. 직접 채취한 약초와 겨울철 간식거리로 제격인 인월장 할매표 곶감, 지리산의 명물 토종흑돼지 등이 유명하다.

Ⓑ 중군마을

조선시대 전투 군단은 전군(前軍), 중군(中軍), 후군(後軍)과 선봉부대로 편성됐다. 임진왜란 때 이곳에 중군(中軍)이 주둔한 연유로 마을 이름이 중군리(中軍里) 또는 중군동(中軍洞)이라 불리어졌다고 한다. 본업인 농사 외에도 잣과 송이 채취로 부수입을 올리고 있다. 마을에는 하지를 지나도 비가 오지 않으면 동네 부인들이 머리에 키를 쓰고 마을 앞 냇가에서 통곡을 하면서 무제를 지내던 풍습이 있었다.

ⓒ 선화사(구 황매암)

선화사는 40여 년 전 옛 절 터에 지은 사찰이다. 앞으로는 수청산이 눈썹같이 펼쳐졌고, 뒷산 덕두봉에서 가지쳐 나간 산자락이 절을 감싸 학이 알을 품는 듯한 명당에 자리했다.  절 앞 계곡에는 쪽빛 맑은 물이 흐른다.

ⓓ 장항마을 당산나무

1600년경 마을 뒤 덕두산 사찰에 수양하러 왔던 장성 이(李)씨가 처음 정착했다. 이후 각 성씨가 들어와 마을이 형성됐다. 산세가 노루의 목과 같은 형국이라 하여 노루 장(障)  자를 써 '장항'이라 했다. 지금도 매년 신성하게 당산제를 지낼 만큼, 전통이 살아 숨 쉬는 마을이다. 마을에 들어서면 웅장한 소나무를 만나게 되는데, 바로 마을 윗당산이다. 당산제는 윗당산과 가까운 숲 속 두 그루 소나무 아래서 산신제를 지낸 다음, 윗당산에서 본제를 올리고, 마을 앞 아래당산에서 마무리 제를 올리는 순서로 진행된다. 옛날 사람들은 당산제를 지내는 것으로 마을 공동체의 결속과 안녕을 기원했다. 지금은 대부분 사라지고 장항마을처럼 일부만 남아 있다.

ⓔ 매동마을

고려 말과 조선 초·중기에 걸쳐 네 개의 성씨(서, 김, 박, 오) 일가들이 들어와 일군 씨족마을이다. 마을 형국이 매화꽃을 닮은 명당이라서 매동(梅洞)이란 이름을 갖게 되었다. 각 성씨의 오래된 가문과 가력을 말해주듯 네 개의 재각과 각 문중 소유의 울창한 송림이 마을을 둘러싸고 있다. 마을 앞을 흐르는 람천변에는 조선 후기 공조참판을 지낸 매천(梅川) 박치기가 심신 단련을 위해 지은 퇴수정(退修亭)과 그 후손이 지은 밀양 박씨 시제를 모시는 관선재(觀善齋)가 자리했다. 뒤로는 우거진 소나무들이 울창하고, 앞으로는 만수천이 흐르며 발밑에는 흰 너럭바위들이 어우러져 뛰어난 풍광을 자랑한

자가용 이용
인월 전북 남원시 인월면 인월2길 95(남원인월센터)
금계 경남 함양군 마천면 금계길 5(함양센터)

유용한 전화번호
남원시내버스 063-631-3116
남원시외버스 1688-6021
남원역 1544-7788
인월버스터미널 063-636-2000
함양지리산고속
055-963-3745
마천버스정류소
055-962-5017
지리산둘레길 함양센터
055-964-8200

콜택시 전화번호
마천택시 055-962-5110

 숙소

지리산 둘레길 홈페이지(www.trail.or.kr)를 이용하자. 홈페이지의 각 구간별 정보 아래쪽에 있는 민박 정보에서 민박집 전화번호를 얻을 수 있다.

밥집

이 구간은 시간이 많이 소요되는 긴 구간이므로 미리 준비물(도시락, 물)을 챙겨서 걸어야 한다.

다. 박치기 생존 당대에는 일년에 한 번씩 족히 백여 명이 넘는 시인 묵객들이 정자 밑 너럭바위, 세진대(洗塵臺)에 모여 풍류를 즐겼다고 전해진다. 불과 삼사십 년 전만 해도 저녁이면 마을 사람들 모두 이곳에 모여 맑은 물 위에 달이 떴다 지도록 놀았다고 한다. 지금은 시대가 바뀌어 산내면의 대표적인 생태농촌 시범마을로 지정돼 전통과 개발이라는 새로운 변화를 모색하고 있는 중이다.

F 실상사

남원시 산내면 지리산 자락에 자리 잡은 신라시대 고찰이다. 신라 흥덕왕 3년(828)에 증각대사가 구산선문을 개산하면서 창건했다. 통일신라시대 작품으로 백장암 3층석탑과 보물 11점을 포함해 다수의 국가유산을 보유하고 있다.

G 등구재

마천면 창원마을 사람들이 인월장을 보기 위해 남원 산내로 넘어가던 고개다. 이 고개를 경계로 전라도와 경상도가 나뉜다. 상황마을에서 다랑논을 마주보며 오르막길을 걷다 보면 숲길이 이어지고 등구재가 나온다. 이 고개를 넘으면 창원마을로 가는 숲길이다. 발걸음이 한결 가벼워지는 구간이다.

지역과 함께하는 둘레길 여행

오일장

인월장(3, 8일)
조선말부터 전라도와 경상도 주민들이 이용하던 전통시장이다. 5일마다 농축산물 판매는 물론 생활필수품을 물물교환 하면서 시작됐다. 현재는 상가 68채가 있는 상설장이다. 인월. 아영. 산내. 마천. 운봉. 함양 사람들이 주로 이용해 영호남 주민들의 화합의 장이 되고 있다. 지리산 입구에 위치하고 있어 지리산에서 채취한 약초와 산채류, 지리산 흑토종돼지가 유명하다.

함양장(2, 7일)
함양장에는 팔랑재 고개를 문턱 삼아 넘나드는 전라도 장꾼들도 많다. 그래서 전라도와 경상도 사투리가 뒤섞인 새로운 언어를 접할 수 있다. 그렇게 자연스러운 화합의 장이 되는 곳이 장터다. 농산물, 칡, 옻나무 껍질, 산나물, 사과, 밤, 양파, 단감, 잡화공산물 등이 판매된다.

🄗 창원마을

조선시대 마천면에서 각종 세로 거둔 물품들을 보관한 창고가 있어 '창말(창고 마을)'이었다가 이웃 원정마을과 합쳐져 창원이 되었다. 넉넉한 창고마을이란 유래처럼 현재도 경제적 자립도가 높다. 다랑이 논과 장작담, 마을 골목, 집집마다 줄지어 선 호두나무와 감나무가 만들어 내는 풍경이 정겹다. 마을 어귀에는 수령이 300여 년 된 너덧 그루의 느티나무와 참나무가 둥그렇고 널찍한 당산 터를 이루고 있다. 함양으로 가는 오도재 길목마을로 재를 넘어가는 길손들의 안녕을 빌고 쉼터를 제공하던 풍요롭고 넉넉한 농심의 산촌마을이다.

지역 생산물
사과, 고사리, 송이버섯, 곶감, 흑돼지, 목기, 지리산토종꿀, 한지 등.

은행(농협), 우체국, 매점, 식당
인월면소재지

보건진료소
창원마을

★ 눈이 많이 오는 기간에는 수성대~배넘이재~장항마을구간이 미끄러우니 조심해야 한다.

민초들 삶의 흔적과 아픔을 어루만지며 걷는 길

지리산 자락 깊숙이 들어온 6개의 산중 마을과 사찰을 지나 엄천강을 만나는 길이다. 사찰로 가는 고즈넉한 숲길, 등구재와 법화산 자락을 조망하며 엄천강을 따라 걷는 옛길과 임도 등으로 구성된다. 지리산 빨치산 이야기에 나오는 벽송사가 주변에 있고, 지리산댐 예정지로 살다 죽다를 반복하는 용유담을 지난다. 조선의 사대부들이 지리산을 찾아들던 곳이기도 하다. 그들의 풍류를 베껴 유람하듯 걸을 수 있는 길이다. 금계, 의중, 의평, 모전, 세동, 운서, 동강마을을 지나며 의중마을 뒤 당산에서 서암정사, 벽송사로 갈 수도 있다.

금계~동강
(동강~금계)

❶ 금계마을 → 의중마을(0.6km) → 용유담(3.2km) → 모전마을(용유담)(0.2km) → 세동마을(2.2km) → 송문교(1.5km) → 운서쉼터(1.4km) → 운서마을(0.4km) → 구시락재(0.7km) → 동강마을(0.8km)

❷ 금계마을 → 의중마을(0.6km) → 서암정사(1.5km) → 벽송사(0.7km) → 모전마을(용유담)(2.9km) → 세동마을(2.2km) → 송문교(1.5km) → 운서쉼터(1.4km) → 운서마을(0.4km) → 구시락재(0.7km) → 동강마을(0.8km)

거 리 11km(벽송사 경유 12.7km)
시 간 4시간(벽송사 경유 5시간)
금 계 함양군 마천면 지리산둘레길 함양센터(금계길5)
동 강 함양군 휴천면 동강마을 엄천교 앞 버스정류장

조선의 사대부들이 지리산을 찾아돌며 잠시 쉬었을 느티나무 그늘.

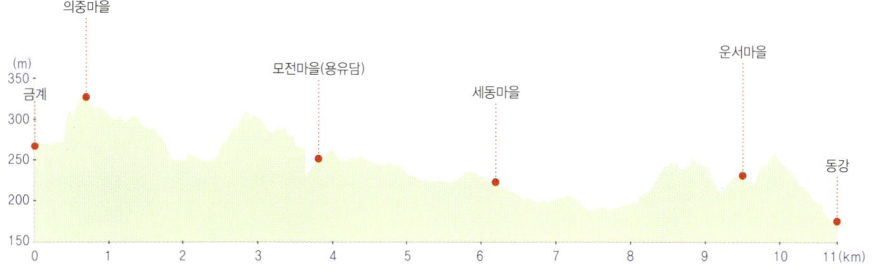

구간 한눈에 보기

❶ **금계마을** 본래 노디(징검다리)를 건너기 전 마을이라 하여 노디목이라 불렸다. 요즘은 의탄교를 건너 의중, 의평, 추성으로 가지만 전에는 노디나 섶다리를 건너야만 했다.

❷ **의중마을** 마을 어귀에 의중, 의평, 추성마을을 지키고 이어주는 600년 묵은 느티나무 당산목이 있다. 마을 윗당산에서 벽송사와 용유담 가는 길이 갈라진다.

❸ **서암정사** 지리산 능선 위에 앉아 천왕봉을 멀리 바라보고, 한국의 3대 계곡으로 유명한 칠선계곡을 마주하는 천혜의 절경에 자리했다. 주위의 천연 암석과 조화를 이룬 풍경이 좋다.

❹ **벽송사** 의중마을에서 벽송사 가는 숲길은 마을 사람들이 초파일에 부처님을 찾아 가거나, 추성마을 아이들이 학교를 다녔던 길이다. 옛길의 정취와 그리움이 듬뿍 묻어있는 고즈넉한 숲길을 따라 벽송사를 들렀다 가는 것도 좋다.

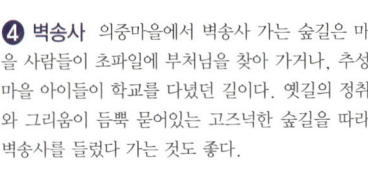

❾ 동강마을 동강쉼터 동강(桐江)마을 앞 엄천교에서 금계~동강 구간이 끝나고 시작한다. 강과 산이 함께 흐르는 풍경이 아름답다. 동강마을 당산 쉼터에서 쉬어가면 좋다.

❽ 구시락재 운서에서 구시락재를 넘어 동강마을에 이르는 길은 조선초 유학자인 김종직 선생이 지리산을 오르고 쓴 '유두류록'에 나오는 옛길이다.

❼ 운서마을 운서쉼터 세동마을에서 농로를 따라가면 작은 산골마을인 운서마을에 다다른다. 마을 전체 면적의 1/3 이상이 지리산국립공원구역 내에 있다. 지리산을 닮은 포근한 인심을 맛볼 수 있는 곳이다.

❻ 세동마을(소나무쉼터) 송전마을 가는 길 중간 너른 바위 사이에 400년 된 소나무가 법화산 자락과 저 멀리 넘어온 등구재를 보고 서 있다. 용유담과 엄천강이 내려다보이는 조망이 시원하다.

❺ 용유담 엄천강 상류의 맑은 계곡과 짙은 숲, 그리고 기암괴석이 조화를 이룬 풍경이 신비롭다. 예부터 신선이 노닌다는 별천지로 피서지로도 각광을 받았다. 시원한 물줄기 소리가 걸음의 피로를 잊게 한다.

구간 자세히 보기

금계 찾아가기
함양버스터미널에서 금계(등구)행 버스를 타 금계마을에서 내리면 된다.
함양지리산고속
055-963-3745

동강 찾아가기
함양버스터미널에서 유림(추성)행 버스를 타 원기마을에서 내린다.

자가용 이용
금계 경남 함양군 마천면
       금계길 5(지리산둘레길
       함양센터)
동강 경남 함양군 휴천면
       동강리 366

A 의중마을

마천면은 천연재료이자 약용으로 쓰이는 옻칠 생산으로 유명했던 곳이다. 지금은 많이 사라지고 없지만 의중, 금계, 원정마을에 옻칠 농가가 몇 가구 남아 있다. 고려시대 의탄소(義灘

所, 숯)라는 지방특산물을 중앙에 공납하기 위해 만들어진 특수행정구역인 소(所)의 가운데 있는 마을이라 의중이라는 이름이 붙었다고 한다.

B 의탄리

의중, 의평, 금계를 합쳐 의탄이라 한다. 고려시대에 의탄소(所)가 있었다하여 의탄이라 부른다. 의탄은 옻칠로 유명하다. 지금도 겨울이 되면 옻칠을 채취하는 농가가 있다. 일반 칠들은

건조해야만 잘 마른다. 하지만 옻칠은 습도가 있어야 오히려 잘 마른다. 의평마을 당산나무(느티나무)에서 마을의 평안과 풍년을 비는 당산제를 지냈다. 또한 망부의 한이 서린 나무라 하여 제사를 지내기도 했다.

C 서암정사

지리산 능선 위에 앉아 천왕봉을 멀리 바라보고, 한국의 3대 계곡으로 유명한 칠선계곡을 마주하는 천혜의 절경에

자리했다. 벽송사로부터 서쪽으로 600m 지점에 위치한 벽송사의 부속암자였다가 지금은 사찰로 승격했다. 주위의 천연 암석과 조화를 이루어 풍광이 훌륭하다.

D 벽송사

조선 중종 15년(1520) 3월 벽송 지엄대사가 개창했다. 숙종 30년(1704)에 실화로 불타버린 것을 환성대사가 중건했으나 6.25때 다시 법당만 남기고 소실되었다. 1963년 원응 구환스님이 다시

짓기 시작했으며 1978년 봄에 종각이 완성돼 오늘에 이르고 있다. 벽송사는 6.25 당시 인민군 야전병원으로 이용되었는데, 국군이 야음을 틈타 불시에 기습해 불을 질러 당시 입원 중이던 인민군 환자가 많이 죽었다고 전해진다. 지금도 절터 주변을 일구면 인골이 간혹 발견된다고 한다. 벽송사는 실상사와 더불어 지리산 북부 지역의 대표적인 사찰이다. 판소리 '변강쇠전'의 무대이기도 하다.

E 용유담

지리산을 유람하던 옛 선인들이 호연지기와 여흥을 즐기던 곳이다. 마적도사와 아홉 마리 용 전설은 용유담의 신비로운 풍경을 대변해준다. 용유당이라는 당집이 있었고, 지금도 굿당이 남

아 있다. 또한 용유담 맑은 물에는 등에 스님의 가사를 닮은 무늬가 있어 '가사어'라 불리는 물고기가 산다. 가사어는 지리산 계곡에서만 산다고 한다.

H 세동마을

전형적인 지리산 산촌마을로 한 때는 전국에서 가장 유명한 조선종이(닥종이) 생산지였다. 주변 산에는 닥나무가 지천이어서, 닥나무를 삶고, 종이를 뜨는 일로 분주한 마을이었다. 불과 50년 전만 해

유용한 전화번호
함양시외버스터미널
1688-7494
함양지리산고속
055-963-3745
마천버스정류소
055-962-5017
지리산둘레길 함양센터
055-964-8200

 숙소

지리산 둘레길 홈페이지(www.trail.or.kr)를 이용하자. 홈페이지의 각 구간별 정보 아래쪽에 있는 민박 정보에서 민박집 전화번호를 얻을 수 있다.

밥집

이 구간은 인가가 드문 산중마을이기 때문에 매점 및 편의시설이 없다. 지리산둘레길을 걷기 전에 미리 필요한 준비물(도시락, 간식, 물등)을 챙겨야 한다.

도 이 마을의 모든 가옥은 산과 계곡에서 자라는 억새를 띠로 이어 얹은 샛집이었다. 종이 뜨는 일상과 샛집 지붕의 아름다운 산촌 풍경을 지금은 볼 수 없지만, 바위를 담으로 이용한 집, 너럭바위에 앉은 집, 바위틈으로 솟는 우물 등 '자연 속에 세 들어 사는' 산촌마을의 모습은 지금도 변함없다.

I 새우섬

송문교와 운서쉼터 사이 엄천강 가운데 섬 아닌 섬으로 자리했다. 조선시대 한남군이 유배 왔던 섬이다. 한남군에 대한 기록은 정확하지 않으나 단종복위 사건인 계유정란에 연루되어 함양 휴천으로 유배 왔다고 전해진다. 지금도 유배와 살았던 마을을 한남이라 부르고 마을 숲을 한남숲이라 한다.

J 운서마을

운서마을은 운암동, 장동, 소연동, 노장동으로 이루어진 작은 산촌 마을이다. 휴천면에서 사람이 살 수 있는 가장 좁은 마을로 지금은 많은 사람들이 귀농해 잘 지내고 있다. 마을 숲이 정겨운데 옛날 김종직 선생이 지리산 유람을 할 때 이곳을 지나 중봉, 천왕봉으로 갔다고 한다.

지역과 함께하는 둘레길 여행

오일장
함양장(2, 7일)
함양장에는 팔랑재 고개를 문턱 삼아 넘나드는 전라도 장꾼들도 많다. 그래서 전라도와 경상도 사투리가 뒤섞인 새로운 언어를 접할 수 있다. 그렇게 자연스러운 화합의 장이 되는 곳이 장터다. 농산물, 칡, 옻나무 껍질, 산나물, 사과, 밤, 양파, 단감, 잡화공산물 등이 판매된다.

매점
금계마을.

지역 생산물
벌꿀, 곶감, 된장, 흑돼지 등.

🅚 동강마을 동강쉼터

동강(桐江)마을 앞 엄천교에서 금계~동강 구간이 끝나고 시작한다. 강과 산이 함께 흐르는 풍경이 아름답다. 동강마을 당산 쉼터에서 쉬어가면 좋다. 이곳에서 1970년대 중반까지 음력 섣달 그믐날 저녁에 마을의 안녕을 기원하는 당산제를 지냈다고 한다.

길과 이야기 2

인월 ~ 금계 ~ 동강

호연지기의 땅이자 새문명의 발원지
세상은 늘 변화를 준비한다

인류사는 늘 변화를 준비하는 사건들이 일어나고 그 사건으로 말미암아 진화했다. 나비의 날갯짓이 큰 태풍을 일으키듯 변화의 씨앗은 언제나 작았지만 마침내 움을 틔워 세상의 흐름을 크게 바꿨다. 때때로 변화의 주역이 시절을 얻지 못해 이단아로 낙인찍히거나 모진 세파에 목숨을 잃는 일도 있었다. 이 모든 것을 지켜보고 품어온 곳이 지리산이다.

맹자의 공손추편에서 '나는 호연지기를 잘 기른다. 그 기는 지극히 크고 강해 방해받지 않고 제대로 길러내면 천지에 가득 찬다. 뜻이 하나가 되면 기가 움직이고 기가 하나 되면 뜻이 움직인다.'고 호연지기를 말했다. 이 호연지기를 키우거나 뜻을 세워 변화를 찾았던 사람들이 시대를 이어 끊임없이 지리산을 찾았다. 또한 지리산에는 세속의 정을 끊고 도인의 반열에 접어든 이들의 이야기도 전해진다. 무릉도원의 이상향을 찾아 지리산을 찾아든 사람도 있고, 시대의 아픔을 이기지 못해 숨어든 사람들도 있다. 찾는 이유가 무엇이든 지리산은 그렇게 모든 이들의 삶을 받아들이고 품어 주었다. 지금도 많은 사람들이 지리산 종주를 하고 이곳저곳을 찾아 마음을 다스리거나 공부를 하고 있다.

조선조 유림들의 지리산 입산 길은 용유담이 있는 엄천강을 따라 걷는 길이었다. 용유담은 지리산 뱀사골과 추성리에서 합수된 물이 내를 이루는 곳이다. 또한 지리산댐 예정지로 거론되면서 지리산을 지키려는 사람들의 아픔이 서린 곳이기도 하다. 지리산댐은 정권에 따라 수면 아래 가라앉았다 떠오르기를 반복하고 있다.

불교사에서 신라의 왕권 중심인 교종 불교가 호족 중심의 선종불교로 이어지는 구산선문 최초의 가람이 실상사이다. 실상사는 지금도 출재가의 대중이 함께 모여 '사부대중' 공동체를 이루고자 노력하고 있다. 이와 더불어 다양한 사회 활동도 펼친다. 불교의 연기사상을 교육이념으로 하는 불교계 유일의 대안학교인 실상사 작은

학교, 도시인들에게 새로운 삶의 철학을 심어주었던 귀농학교, 실상사 농장, 절을 중심으로 지역공동체를 꿈꾸는 사단법인 한생명 등이 그것이다.

무엇보다 우리가 기억해야 할 것은 2000년대에 우리나라 전반에 걸쳐 파장을 일으킨 '생명평화의 씨앗'을 뿌린 곳이 이곳 실상사라는 거다. 90년대 후반 지리산 댐을 비롯한 지리산 개발계획들이 무차별적으로 쏟아졌을 때 지리산을 배우자는 지리산공부가 실상사에서 시작되었다. 지리산 공부를 통해 생명평화결사가 조직되었고 '세상의 평화를 원한다면 내가 평화가 되자'는 생명평화운동도 함께 일어났다. 이들은 전국을 순례하며 모든 사람들 마음속에 있는 생명평화의 씨앗을 싹트게 했다. 미국의 이라크 침공 이후 한반도에서도 일촉즉발의 전쟁 위기상황이 벌어지던 때였다.

이 씨앗이 자라 생명평화의 큰 나무로 우뚝 자라는 날이 언제쯤 오게 될까.

우리사회 전반에 생명과 평화가 일상의 언어로 쓰이고 그 가치에 주목을 하지만 자연에 대한 인간의 지배는 여전하다. 물 한 모금, 흙 한 줌, 나무 그늘 속에 내리쬐는 햇살 한 자락, 이 모든 것이 우주의 신비이자 생명의 신비라는 것을 우리는 항상 잊고 산다. 그저 자연을 착취의 대상, 지배의 대상, 휴양의 대상으로 타자화해 온 결과 인류가 얻은 것은 자연재해와 환경오염이다. 그 결과가 부메랑처럼 다시 우리에게 돌아와 우리의 생명을 위태롭게 하고 있는 것이다.

엄천강 따라 솔숲을 걷는 지리산둘레길에서 만나는 한가로움과 넉넉함, 그리고 평화로움이 우리 일상으로 이어지는 날, 모든 생명들에게 평화의 날이 시작되리라. 이러한 변화의 날을 준비하는 곳도 지리산이리라.

치유 받을 영혼, 함께하는 우리
사랑으로 보듬는 길

동강~수철 구간은 아름다운 계곡을 따라 산행하는 즐거움을 누리며 걷는 길이다. 동강마을을 출발해 4개의 마을을 지나 산청에 이른다. 이곳은 한국현대사의 아픔을 고스란히 보듬고 있다. 좌우 이념의 투쟁 속에서 속절없이 사라져 간 사람들의 이야기가 마을 속 아픔으로 남아있는 현장을, 그 역사의 상처를 치유하기 위한 추모공원을 지나는 길이다. 이루지 못한 사랑 이야기가 전하며 지리산 자락 장꾼들이 함양, 산청, 덕산을 오고 가며 그 무거운 소금가마를 지고 생을 이어갔던 길이기도하다.

동강~수철
(수철~동강)

쌍재에서 바라본 수철마을이 손에 잡힐 듯 가깝다.

동강마을 → 자혜교(1.2km) → 산청함양 추모공원 (1.5km) → 상사폭포(1.8km) → 쌍재(1.7km) → 산불감시초소(0.9km) → 고동재(1.4km) → 수철마을 (3.6km)

거 리　12.1km
시 간　약 5시간
동 　강　함양군 휴천면 동강마을 앞 엄천교
수 　철　산청군 금서면 수철리 수철마을회관 앞

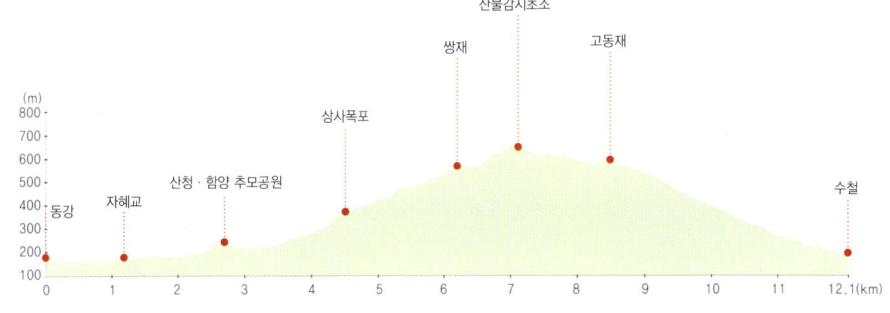

구간 한눈에 보기

❶ **동강마을** 동강(桐江)마을 앞 엄천교에서 동강~수철 구간이 시작되고 끝난다. 강과 산이 함께 흐르는 풍경이 아름답다. 마을 어귀에서 짚신을 만들 때 사용하던 틀을 닮아 '신틀바위'라는 이름이 붙은 큰 바위를 볼 수 있다.

❷ **산청·함양사건 추모공원** 방곡마을에 도착하면 산속에 자리한 커다란 시설을 만나게 된다. '산청·함양사건추모기념관'이다. 한국전쟁 중 양민을 학살했던 한국 현대사의 비극이 고스란히 남아있는 현장으로 마음이 숙연해진다.

❸ **상사폭포** 방곡마을에서 상사폭포까지 2km 숲길이 이어진다. 계곡을 따라 핀 온갖 야생화와 바위를 타고 내리는 물줄기를 보며 걷는 길이 즐겁다. 상사폭포는 사랑하는 이에 대한 절절함이 담긴 전설이 깃들어 있는 작은 폭다.

❹ **쌍재쉼터와 쌍재** 상사폭포에서 쌍재로 걷다보면 쌍재쉼터가 나온다. 이곳은 옛 주막터 자리다. 지금도 쉼터가 있어 간단한 음료 등을 판매한다. 쌍재는 예전에 함양, 휴천에서 산청으로 가던 큰 길이다. 과거에는 꽤 큰 길이었으며, 길을 따라 주막과 큰 마을이 있었다고 한다.

❽ **수철마을** 마을 숲이 좋아 쉬기 좋다. 지역 특산물을 파는 구판장과 최근에 새롭게 지은 마을회관이 있다. 하루 7대정도 버스가 들어온다. 버스를 타면 산청읍까지 10분이면 갈 수 있다.

❼ **왕산, 필봉산** 쌍재에서 고동재 구간은 왕산과 필봉산을 보며 걸을 수 있다. 왕산보다 75m가 낮은 필봉산이 시야에 먼저 들어온다. 선비의 고장을 상징한다는 필봉산은 붓 끝을 닮아 필봉산이라 한다.

❻ **고동재** 지리산 동부능선과 연결되어 있는, 수철동 서북쪽에서 방곡리로 오가던 고개다. 고동 나팔을 불었다고 해서 고동재라 이름 붙었다. 앞쪽으로 왕산과 필봉산이 조망된다.

❺ **산불감시초소** 쌍재와 고동재 사이 능선에서 가장 높은 곳에 위치해 전망이 좋다. 동쪽으로 산청읍내 전체가 펼쳐지고 남쪽으로는 지리산 동북부 능선들이, 더불어 걸어온 길과 걸어갈 길들이 그림 같은 조망을 연출한다. 참나무숲 사이로 난 길을 따라 은방울꽃 군락지를 즐기며 걷다보면 고동재에 이른다.

구간 자세히 보기

 동강 찾아가기
함양버스터미널에서 금계(추성)행 버스를 타 원기마을에서 내린다. 엄천교 다리를 건너면 동강마을이다.

수철 찾아가기
산청터미널에서 수철행 버스를 타 수철마을회관에서 내리면 된다.

자가용 이용
동강 함양군 휴천면 동강길17
수철 산청군 금서면 친환경로 2211(수철리 마을회관)

유용한 전화번호
함양지리산고속
055-963-3745
산청시내버스
055-973-5191
산청시외버스터미널
055-972-1616

🅐 동강마을

동강마을은 평촌, 점촌, 기암 등 3개 마을로 이루어졌다. 옛날 토기와 철기를 만들어 내던 곳이라 점촌이라 부르기 시작해 지금까지 이어지고 있다. 점촌마을은 그냥 보면 한 마을이나 계곡을 경계로 함양군과 산청군으로 나누어지는 동강마을과 방곡마을이 함께 있는 마을이다. 점촌마을 앞 다리를 건너면 묵은터를 지나 산청으로 가는 옛길을 찾을 수 있다. 또한 이곳에는 신틀바위 전설과 선바위 전설이 전해진다. 신틀바위는 짚신을 삼는데 쓰는 나무틀처럼 생겼다하여 붙여진 이름이다.

🅑 지리산과 김종직 선생

함양군수로 부임한 김종직선생이 지리산을 유람할 때 엄천강을 건너 화암에서 쉬었다고 한다. 화암이 있었던 마을이 동강마을이었을 것이다. 길을 걷다 보면 엄천강 건너로 옛날 엄천사가 있었던 남호마을이 보인다. 엄천사의 흔적은 찾을 수 없고 부도만 두 기가 남아 있다. 그래서 남호마을을 절터라 부르기도 한다. 또한 남호리는 김종직선생이 주민들을 위해 관영 차밭을 조성한 곳이기도하다. 함양에는 차가 전혀 나지 않는데도 불구하고 주민들이 내야했던 차세에 대한 부담을 덜어주기 위해서였다.

ⓒ 산청·함양사건 추모공원

방곡마을에는 한국전쟁 당시 국군이 지리산 일대 공비토벌작전 중 양민을 통비분자로 몰아 집단 학살시킨 원혼과 유족을 위로하기 위해 조성한 산청·함양 양민학살 추모공원이 있다. 1951년 2월 5일 국군의 '지리산 빨치산 토벌작전'이 시작되고, 2월 7일 가현, 방곡, 점촌, 엄천강 건너 서주마을 주민들이 무참하게 학살된다. 신고 된 숫자만 700여 명에 이른다. 1954년 방곡지역 유족들이 뜻을 모아 '동심계'를 조직하고 억울하게 죽은 양민들을 추모하기 시작했지만, 지금까지 진실규명이라든지 보상이 제대로 이루어지지 않았다고 한다. 이렇듯 지리산둘레길은 한국 현대사의 아픈 상흔과 민중들의 애한이 서린 곳이 많다. 현장에 들러 원혼들의 넋을 위로해 주자.

ⓓ 왕산과 필봉산

쌍재에서 조망되는 왕산에는 가락국의 멸망을 지켜본 구형왕의 능과 삼국통일의 주역 김유신이 활쏘기를 했다는 사대가 있다. 이 외에도 깃대봉, 국골, 왕등재 등 가락국과 관련된 이야기가 많다. 그리고 고려시대 농은 민안부선생이 낙향해 살면서 망국의 한을 달래던 망경대가 있다. 왕산보다 75m가 낮지만 시야에는 필봉산이 먼저 들어온다. 선비의 고장을 상징한다는 필봉산은 붓 끝을 닮아 필봉산이라 한다.

ⓔ 산청 전 구형왕릉

시간이 허락하면 둘레길 인근에 있는 '산청 전 구형왕릉'에 들리는 것도 좋겠다. 가락국 '멸망의 한'을 고스란히 품고 숨을 거둔 구형왕은 편안히 흙 속에 묻히기를 거부하고 돌로 무덤을 만들게 했다. 그가 묻힌 산 이름을 사람들이 왕산으로 불렀을 것이다. 이 무덤은 역사적 고증이 안 돼 '산청 전 구형왕릉'으로 불린다. 지금은 사적지로 지정되어 있다.

가야의 마지막 왕인 구형왕의 무덤으로 전해오는 이 능은 우리나라에서 유일하게 돌을 계단식으로 쌓아 올린 한국식 피라미드 무덤이

유용한 전화번호
함양지리산고속
055-963-3745
마천버스정류소
055-962-5017
산청터미널 055-972-1616
지리산둘레길 함양센터
055-964-8200
지리산둘레길 산청센터
055-974-0898

콜택시 전화번호
개인택시
055-973-3277

지역과 함께하는 둘레길 여행

오일장
함양장(2, 7일)
함양장에는 팔랑재 고개를 문턱삼아 넘나드는 전라도 장꾼들도 많다. 그래서 전라도와 경상도 사투리가 뒤섞인 새로운 언어를 접할 수 있다. 그렇게 자연스러운 화합의 장이 되는 곳이 장터다. 농산물, 칡, 옻나무껍질, 산나물, 사과, 밤, 양파, 단감, 잡화공산물 등이 판매된다.

산청장(1, 6일)
상설시장으로 옛 시골장의 정취는 없으나 장날이 되면 시골 아낙네와 할머니들이 직접 재배한 무공해 채소들과 자연 산나물, 약초, 버섯 등을 들고 나와 푸근한 시골장의 인심을 맛볼 수 있다.

지역 생산물
한방약초, 벌꿀, 곶감 등.

은행(농협), 우체국
함양읍, 산청읍, 금서면

★ 추모공원(방곡마을) 지나서 만나는 첫 개울은 장마철에 물이 불면 산청군 금서면 가현마을로 우회해 산청군 금서면 수철마을로 가야 한다.

★ 겨울철 눈이 많이 내리는 기간에는 상사폭포와 쌍재 사이의 길이 미끄러우니 조심해서 걸어야한다.

다. 이끼나 풀이 자라지 않고 낙엽도 떨어지지 않는 신비함이 있다. 경사진 산비탈을 그대로 이용해 심마기 모양의 너른 묘역과 거대한 돌무더기를 만들었다. 일반적인 봉토무덤과는 다른 형태다. 서쪽에서 동쪽으로 흘러내리는 경사면에 크고 작은 돌을 7단으로 쌓아올려 층과 단을 이루고, 정상부는 타원 형태다. 동쪽 면 중앙에는 감실형태의 시설을 만들었다.

F 쌍재

그 옛날 산청으로 함양으로 수많은 사람들이 넘어다녔던 고개다. 예전 함양에는 곶감장이 서질 않았다. 함양 마천이나 인근 마을에서 곶감을 지고 쌍재를 넘어 산청 덕산장

에 가 팔았다고 한다. 쌍재 아래에 보부상들을 위한 제법 큰 쉼터 마을이 있었다. 이곳에 주막들도 많았다. 또한 이곳에서 고령토가 많이 나와 채취했다고 한다.

G 수철마을

수철마을은 본래 산청군 금서면 지역으로서 무쇠로 솥이나 농기구를 만들던 철점이 있어서 무쇠점 또는 수철동이라 불리었다. 가야왕국이 마지막으로 쇠를 구웠다는 전설이 전해져 내려온다.

지리산 자락 물 낙동강 되듯
흐르는 물처럼 인연의 끈을 잇는 길

경호강을 따라 나란히 걷는 구간이다. 대장마을까지는 마을 마실길인 시멘트길이 이어진다. 대신 지리산 천왕봉의 기운을 받고 경호강 푸른 물을 보면서 걸을 수 있다. 성심원에서 어천마을은 호젓한 숲길이다. 경호강 줄기 따라 놓여 있는 고속도로와 3번 국도를 질주하는 자동차 소리가 들리지만 소나무와 참나무 숲을 오가는 새 소리가 귀를 즐겁게 한다. 세속의 번잡함을 벗어 놓고 새소리, 물소리, 바람소리에만 귀를 기울이고 마음을 주면서 걸어도 좋은 구간. 강 가까운 숲이 주는 혜택이다. 산청군 금서면 수철, 지막, 평촌, 대장, 산청읍, 내리, 아침재, 풍현마을을 지난다.

마을길과 농토로 이루어진 지리산둘레길을 걸을 때는 늘 감사하는 마음으로 걷자

수철~성심원
(성심원~수철)

❶ 수철마을 → 지막마을(0.8km) → 평촌마을(1.9km) → 대장마을(1.4km) → 경호1교(1.0km) → 내리교(2.2km) → 한밭마을(0.6km) → 바람재(1.8km) → 해피농장(0.3km) → 성심원(2.2km)

❷ 수철마을 → 대장(4.1km) → 내리교(3.2km) → 지성(0.9km) → 지곡(0.7km) → 선녀탕(1.9km) → 바람재(2.6km) → 성심원(2.5km)

❸ 수철마을 → 대장갈림길(3.9km) → 내리육교(2.7km) → 내리교(0.6km) → 한밭(0.6km) → 바람재(1.8km) → 성심원(2.5km)

❹ 수철마을 → 대장갈림길(3.9km) → 내리교(3.3km) → 지성(0.9km) → 지곡(0.7km) → 선녀탕(1.9km) → 바람재(2.6km) → 성심원(2.5km)

거 리 12.2km(선녀탕 경유 15.9km)
시 간 4시간(선녀탕 경유 6시간)
수 철 산청군 금서면 친환경로 2211(수철리 마을회관)
성심원 산청군 산청읍 내리 94 → 2

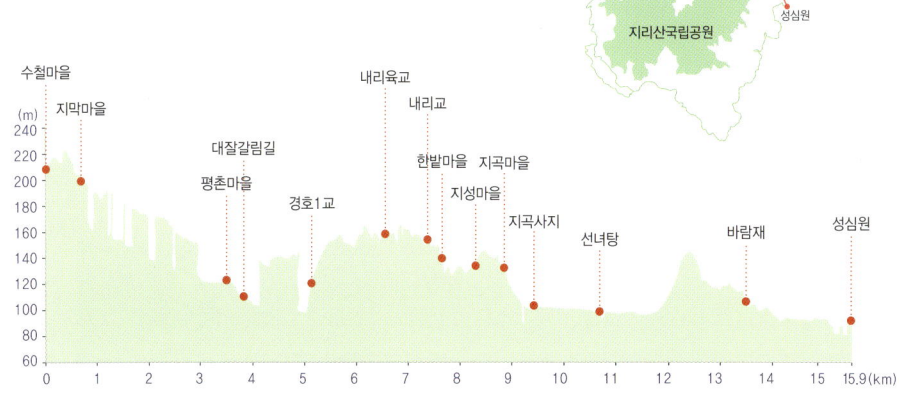

구간 한눈에 보기

❶ **지막마을** 수철에서 시멘트 농로를 걷다가 논둑길을 만나면 뒤돌아 보자. 왕산자락이 한눈에 들어온다. 마을정자에서 쉬어갈 수 있다.

❷ **평촌마을** 지막에서부터 시멘트 농로를 따라 농공단지를 보면서 걷게 된다. 평촌마을에 들어서면 강가에 볼썽사나운 시멘트 옹벽이 세워져 있다. 버드나무를 조망할 수 없어 답답하다.

❸ **대장마을** 대장마을에서 산청읍 경호강가지는 시멘트길이 이어진다. 대장마을을 지나면 산청읍이다. 대장에서 성심원까지 7.9km는 경호강을 따라 걷는 길로 푸른 강이 시원한 조망을 만들어낸다.

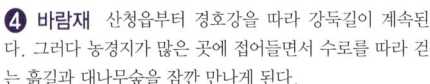

❹ **바람재** 산청읍부터 경호강을 따라 강둑길이 계속된다. 그러다 농경지가 많은 곳에 접어들면서 수로를 따라 걷는 흙길과 대나무숲을 잠깐 만나게 된다.

❽ 경호강 수철~어천구간의 대부분이 경호강과 나란히 이어진다. 사시사철 변화하는 경호강과 함께 걸을 수 있어서 눈이 즐겁다. 언제 어느 때든 들어가 걸음에 지친 발을 담그고 세속에서의 묵은 감정까지 씻어내도 받아주는 좋은 친구가 된다.

❼ 웅석봉 내리마을 뒷산이 웅석봉인데, 곰이 떨어진 산이라 하여 곰석산으로도 불린다. 대동여지도에는 '유산'으로 표시되어 있다. 산청읍 구간 내내 웅석봉을 조망하면서 걷게 된다.

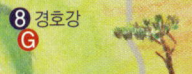

❻ 어천마을 풍현마을에서 어천마을로 가는 길과 아침재를 넘어 웅석산 임도로 접어드는 길이 갈라진다. 어천마을 가는 길은 솔숲길이다.

❺ 성심원(풍현마을) 이 길은 성심원 사람들이 산책로로 이용하는 강둑포장길이다. 한번쯤 이곳에 들러 나눔을 실천해 보는 것도 걷는 여행의 깊이를 더하는 계기가 될 것이다.

수철 찾아가기
산청터미널에서 수철행 버스를 타 수철 마을회관에서 내리면 된다.

수철에서 돌아가기
수철마을회관에서 버스를 타 산청터미널에서 내리면 된다.

어천 찾아가기
산청읍에서 버스를 타고 3번 국도에 있는 어천마을 정류장에서 내려 경호강을 건너 걸어서 어천으로 가야 한다.
외부에서 시외버스를 타고 온다면 산청읍까지 가지 말고 신안면 소재지인 원지를 이용하는 게 편리하다. 산청행 시외버스는 모두 원지를 경유한다.

자가용 이용
수철 경남 산청군 금서면 수철리 897
어천 경남 산청군 단성면 방목리 호암로 1253번길

유용한 전화번호
산청버스터미널
055-972-1616
원지터미널
055-973-0547

콜택시 전화번호
산청읍 055-973-3277

Ⓐ 지막마을

수철과 지막마을은 뒷멀리고개를 사이로 이웃했다. 뒷멀리고개에 올라서면 쌍재, 밤머리재 등 지리산 동부자락이 한 눈에 들어온다. 주민들은 왕등재, 밤머리재를 넘어 덕산으로 오가기도 했다. 지막마을에는 덕계 오건선생과 남명 조식선생에 관한 이야기가 전해지는 춘래대와 춘래정이 있다. 남명선생과 덕계선생은 한적한 지리산 자락에서 처사의 삶을 살며 정담을 나누었다. 술이라도 한 잔 한 날이면 두 분이 서로 이 길을 오가며 배웅을 반복했다고 한다.

Ⓑ 평촌마을

본래 금서면 지역으로 들말, 서재말, 제자거리, 건너말 등 네 개의 동네가 들 옆에 있다하여 들말로 불러오다가 한자로 평촌(坪村)이라 한 것이다. 서재말은 옛날에 서재(書齋)가 있던 곳으로 그 터에 주춧돌이 남아 있다고 하며, 건너말은 강 건너에 있다고 하여 붙여진 이름이다. 제자거리, 제짓거리 또는 사정(謝亭)거리에 관해서는 두 가지 설이 있다. 하나는 덕산(德山) 쪽 일부 주민들이 산청시장을 왕래하면서 제자(임시 시장)가 섰다는 설이고, 다른 하나는 남명(南冥)선생이 산청을 다녀 갈 때면 덕산의 제자들이 이곳 제자거리까지 나와 기다렸다가 모시고 갔다는 설이다. 일설에는 남명선생이 제자인 덕

계(德溪) 오건(吳健)을 찾아 지막리 춘래대에서 놀다가 헤어지곤 하였는데, 제자들이 이곳까지 배웅을 했다는 데서 유래했다고도 한다.

ⓒ 대장마을

지막에서부터 시멘트 농로를 따라 농공단지를 보면서 걷게 된다. 평촌마을에 들어서면 강가에 볼썽사나운 시멘트 옹벽이 세워져 있다. 버드나무를 조망할 수 없어 답답하다. 대장은 선인출장이란 풍수설에서 유래된 것이다. 일설에는 신라 때 어느 대장이 쉬고 간 곳이라 해서 생긴 이름이라고도 한다.

ⓓ 지리산둘레길 산청센터

경호강에서 산청읍내로 들어가는 길목에 있다. 지리산 둘레길과 주변 관광지에 대한 안내를 받을 수 있으며, 주차장, 화장실, 쉼터 등이 있다.

ⓔ 성심원

성심원은 가톨릭 재단법인 프란체스코회(작은형제회)에서 운영하는 사회복지시설이다. 한센생활시설 '성심원'과 중증장애인시설 '성심인애원'이 하나로 통합운영 되고 있다. 행정지명으로는 풍현마을이라

불린다. 지리산 자락인 웅석봉을 뒤로 하고, 앞으로는 맑고 깨끗한 경호강이 흐르고 있는 배산임수 지형으로 빼어난 경관과 천혜의 자연환경이 어우러진 곳이다. 1959년 6월 18일 예수성심대축일 개원 미사를 시작한 이래 50여 년의 세월이 흘렀다. 처음 40여 명으로 시작해 한 때 600명이 넘는 큰 천주교 공동체마을을 이루기도 했다. 1995년 사회복지시설로 전환되기 전까지는 천주교 수도회인 작은형제회(프란체스코회)를 중심으로 한 후원인들이 지원하던 '한센인 정착 자립마을'이었다. 성심원이 정겨운 동네로 거듭나기까지는 외국의 원조와 후원회인 '미라회'를 비롯한 여러 은인(恩人)들의 도움이 컸다. 또한 연인원 1,200명의 방문자와 2,000명이 넘는 자원봉사자가 활동하고 있다. 설립 50여 년이 지났지만 여전히 한센인에 대한 사회의 차별과 편견, 부정적 이미지가 남아 있다. 세상과 격리된 '육지 속의 섬'이 아닌 지역사회와 지역민들과 함께하는 열린 시설로 나갈 수 있게 한번쯤 방문해 정을 나눠도 좋겠다.
www.sungsim1.or.kr, 055-973-6966

F 어천마을

성심원에서 시작하는 아침재나 경호강 레프팅 하선장 길 모두 어천마을로 이어진다. 본래 어리내라 해서 우천(愚川)으로 부르다가 어천(漁川)이 되었다. 산청센터에서 어천마을~아침재~성심원으로 이어지는 하루 구간 걷기를 할 수 있다.

ⓖ 경호강

산청군 생초면 강정에서 엄천강과 위천강이 만나 경호강이 된다. 지리산과 덕유산이 만나는 셈이다. 경호강은 크게 네 곳의 물줄기가 세 번에 걸쳐 만난다. 본류는 함양군에 속하는 남덕유산에서 발원해 화림동계곡을 거쳐 안의면을 지나 수동면에서 병곡면 백운산에서 시작해 상림을 돌아 함양읍을 거쳐 온 물과 첫 번째로 만난다. 두 번째 만남은 지리산 자락에서 시작해 용유담과 자혜나루, 주상나루를 지나 온 엄천강이 산청군 생초에서 경호강으로 흘러들면서 이루어진다. 세 번째는 산청군 생비량면에서 흘러온 양천강과의 만남이다. 경호강은 본류와 엄천강이 만나는 산청군 생초면 어서리 강정에서부터 진주에 있는 진양호까지 80여리 긴 물길을 총칭하는 이름이다.

지역과 함께하는 둘레길 여행

오일장
산청장(1, 6일)
상설시장으로 옛 시골장의 정취는 없으나 장날이 되면 시골 아낙네와 할머니들이 직접 재배한 무공해 채소들과 자연 산나물, 약초, 버섯 등을 들고 나와 푸근한 시골장의 인심을 맛볼 수 있다.

덕산장(4, 9일)
덕산장은 산청군 시천면과 삼장면의 경계인 덕산분지 내에서 5일마다 열리는 재래시장이다. 지리산의 각종 약초, 산나물, 채소 등을 판매한다. 특히나 이곳 곶감이 전국적으로 유명해 가을철이면 곳곳에서 곶감을 사고파는 정겨운 모습을 볼 수 있다.

지역 생산물
한방약초, 곶감, 딸기 등.

마을구판장
수철마을, 성심원 매점.

은행(농협), 우체국
산청읍

길과 이야기 3

동강 ~ 수철 ~ 성심원

**치유 받을 영혼… 함께 나누는 삶의 현장
우린 모두 서로에게 위로가 되는 존재**

생각이 다르고, 생김새가 다르다는 이유만으로 국가의 이름을 빌어 때로는 공동체의 이름으로 한 사람 혹은 소수자들을 협박하고 죽인다. 늘 일방적이고도 잔인하게 진행되는 폭력이다. 이렇게 무고하게 죽어간 양민학살 현장이 지리산 곳곳에 존재한다. 지리산 빨치산과 6.25 전쟁 당시 학살을 당한 양민들을 포함해 역사 속 수많은 사람들이 이곳 지리산으로 들어와 고통과 슬픔의 피눈물을 흘린 흔적들이다. 지리산이 핍박받는 이들의 상징이 되고 있는 이유다.
동족이 동족을 죽여야 했던 야만의 시간으로 거슬러 가 보자. 한국전쟁은 인류사에서도 가장 비극적인 동족상잔의 전쟁이다. 그 비극은 현재까지도 분단의 아픔으로 이어지고 있다. 전쟁 중이던 1951년 2월 5일, 이승만 정부는 하루 속히 빨치산을 소탕하란 명령을 군에 내린다. 명령을 받은 육군 11사단 최덕신 사단장이 '견벽청야' 작전을 지리산 자락에서 개시한다. 작전을 시작한 그날은 설 다음날이었다. 총성은 아침밥을 먹던 시간에 맨 위에 위치한 가현마을 뒷산에서 울리기 시작한다.
당시 증언에 따르면 가현에서만 123명이 죽었다고 한다. 아이들과 부녀자를 포함한 양민학살은 가현마을을 시작으로 방곡, 점촌, 서주마을로 이어진다. 300여 명을 한 구덩이에 몰아 넣고 죽인 집단 학살을 포함해 당시 희생자가 705명에 이른다고 한다. 학살은 이틀 후 거창에서 극에 달한다. 익히 알려진 '거창 양민학살 사건'이 그것이다. 지금은 이곳에 산청·함양사건 추모 기념관이 생겨 영혼들을 달래고 있다. 1954년 방곡마을 유족들이 숨을 죽여가며 외롭게 '동심계'를 조직해 죽은 자와 살아남은 자를 위로한지 반세기가 넘는 시간이 지난 후의 일이다.
산청·함양 양민학살 현장에서 상사폭포로 가는 길에 보이는 왕산 자락은 가야국의 비극이 흔적으로 남아 있다. 가락국 멸망의 한이 담긴 돌무덤 산청 전 구형왕릉이 그것이다. 돌 하나마다 역사의 한 자락을 보여준다.

경호강을 따라 걷다보면 외롭고 지친 이들의 보금자리인 '성심원'을 만나게 된다. 이곳은 카톨릭 프란체스코 형제회에서 운영하는 한센인 요양시설이다. 1950년대 경남 진주 이현동 구생원에서 생활하던 한센인들이 이곳에 부지를 마련한 것은 1959년이었다. 땅을 매입하고 이주해오는 과정에서 주민들의 강력한 반대에 부딪혀 어려움을 겪었다고 한다. 다른 한센인 정착마을들도 겪어야 했던 과정이었다. 낮에는 지역주민들의 위험을 피해 산 속으로 피신했다가 밤이면 몰래 내려와 호롱불도 켜지 못한 채 잠을 청해야 했다. 이를 말려야 할 경찰들도 주민들 편이었다고 한다.

성심원은 한센병은 완치됐지만 그 후유장애와 고령 등으로 생활이 불편한 한센병력 어르신들이 생활하는 복지시설이다. 현재의 한센병은 암이나 결핵보다 오히려 완치가 쉬운 피부병에 불과하다. 리팜피신이라는 치료제를 3일만 복용해도 전염성이 없어진다고 한다. 1980년대 초부터 강력한 치료약을 한센병 환자에게 투여해 한센병의 원천이 거의 사라진 것으로 관계자들은 추측하고 있다.

>나는 나는 죽어서 파랑새 되어
>푸른 하늘 푸른 들 날아다니며
>푸른 노래 푸른 울음 울어 예우리
>나는 나는 죽어서 파랑새 되리
>
>〈한하운 '파랑새' 중에서〉

편견과 아집으로 이웃의 아픔을 위로해 주는 대신 돌팔매를 던지는 무지막지는 지금도 계속된다. 인간의 본성을 찾아가는 여정의 끝은 아직 우리에게 멀기만 한 것일까. 지리산둘레길의 아픈 현장을 돌아보고 그것을 자신의 삶에 새기는 과정이 순례이리라. 일상의 삶이 평화로워지고 자연 속에 기대어 살아가려는 사람들이 점점 늘어간다면 이 보다 더 좋을 수 있겠는가.

웅크린 나에게 손을 내밀어
탁 트인 가슴으로 의연해지는 그 곳

내리막과 오르막을 오르내리는 길은 도보여행자들을 힘들게 한다. 그래도 산바람이 등을 떠밀어 즐겁게 걷는 구간이다. 등산로와 임도가 이어지는 길을 쉬엄쉬엄 걸어 오르다 보면 이런저런 생각들이 사라지고 걷기에 집중하게 된다. 한재를 넘으면 발을 담그고 가도 좋은 어천계곡을 만난다. 어천계곡을 지나면 임도를 따라 걷는 길이 이어진다. 임도 끝 웅석봉 헬기장에 오르면 시원한 바람이 불고 시야가 탁 트인다. 앞으로 내다보면 청계 저수지가, 돌아서면 걸어온 길들이 아득하게 펼쳐진다. 단성면 어천, 점촌, 탑동, 운리 마을을 지난다.

성심원~운리
(운리~성심원)

단속사지. 석탑 두기만 남아 옛 영화를 전한다.

❶ 성심원 → 어천갈림길(0.5km) → 어천교(1.7km) → 어천마을(0.8km) → 아침재(1.6km) → 성심원장(1.5km)
❷ 성심원 → 어천갈림길(0.5km) → 아침재(1.0km) → 웅석사(0.6km) → 어천계곡(1.0km) → 웅석봉하부헬기장(1.0km) → 성불정사(4.6km) → 점촌마을(1.7km) → 탑동마을(1.6km) → 운리마을(0.6km)

거 리 12.6km(순환 6.1km)
시 간 5시간(순환 3시간)
성심원 산청군 산청읍 내리 94-2
운 리 산청군 단성면 호암로 631(운리 545-2)

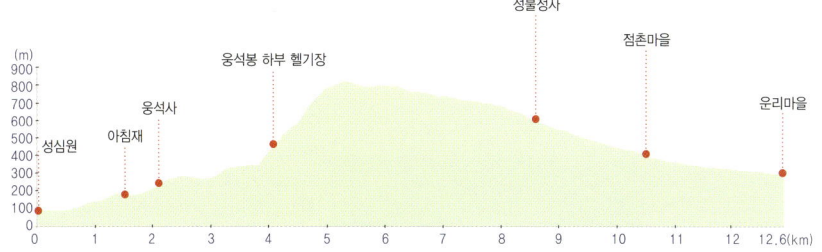

구간 한눈에 보기

❶ 아침재 해발 고도가 제법 높은 재다. 그래서 풍현에서 아침재까지는 가파른 길이 이어진다. 대신 포장된 숲길이어서 쾌적하다.

❷ 웅석봉 헬기장 포장된 임도를 따라 완만한 경사길을 계속 걷다 보면 헬기장이 나온다. 해발 고도가 높은 만큼 시원한 조망을 제공한다. 걸어온 길과 걸어갈 길이 한눈에 들어온다.

❸ 점촌마을 헬기장에서 임도를 따라 내려오는 길에 점촌마을을 만난다. 이 길에서는 지리산자락 산촌마을이 한 눈에 들어오고 지리산 주봉들이 손에 잡힐 듯 가까이 다가온다.

❹ 탑동마을 포장된 농로라 누구나 편하게 걸을 수 있다. 대신 뙤약볕을 피할 수 있는 모자가 필요하다. 단속사지가 있는 마을로 통정공 강회백선생이 심은 정당매도 볼 수 있다.

❽ 운리 운리(雲里)는 탑동, 본동, 원정 등 3개 동네를 말한다. 둘레길은 탑동과 원정마을을 지난다. 산골마을의 소박함과 정겨움을 만날 수 있는 곳이다.

❼ 원정마을 운리를 지나 농로를 따라 계속 걸으면 우사가 나오고 큰 느티나무를 만난다. 이 아름드리 느티나무 쉼터가 여행자들에게 그늘을 제공한다. 마을 돌담이 아름답고, 느티나무 쉼터 옆에 옛 샘물터도 반갑다.

❻ 청계마을 어천에서 지방도를 따라 가는 길은 한재를 넘어 청계마을로 이어진다. 한재는 소남진을 건너 입석과 용두를 지나는 통영대로의 한 길이도 했다. 지금도 용두고개에는 서낭당이 있다. 청계마을에는 이름 그대로 맑은 시내가 흐르고 부근에 청계저수지가 있어 시원한 풍경을 맛본다.

❺ 단속사지 단속사가 있던 자리에는 민가가 들어서 있고, 민가 앞에 보물로 지정된 삼층석탑 두기가 남아서 옛 영화를 전해 준다. 둘레길 여행의 재미를 더하려면 단속사지도 둘러보고 마을의 역사에 대해 공부해 보자.

구간 자세히 보기

어천 찾아가기
산청읍에서 버스를 타고 3번 국도에 있는 어천마을 정류장에서 내려 경호강을 건너 걸어서 어천으로 가야한다. 외부에서 시외버스를 타고 온다면 산청읍까지 가지 말고 신안면소재지인 원지를 이용하는 게 편리하다. 산청행 시외버스는 모두 원지를 경유한다.

운리 찾아가기
산청군 신안면 원지터미널에서 청계행 버스를 타 운리(다물민족학교 앞)에서 내리면 된다.

자가용 이용
어천 경남 산청군 단성면 방목리 호암로 1253번길
운리 경남 산청군 단성면 운리 515

유용한 전화번호
원지터미널
055-973-0547
산청버스터미널
055-972-1616
055-973-5191

Ⓐ 단속사지

단속사가 있던 폐사지다. 지리산 곳곳에 이런 폐사지가 많다. 둘레길에서는 운리에 있는 단속사지가 유일하게 만날 수 있는 폐사지다. 단속사는 신라시대에 창건된 절로서 조선 중기에 불타 폐허가 되었다. 단속사가 있던 자리에는 민가가 들어섰고, 민가 앞에 보물로 지정된 삼층석탑 두 기가 남아서 옛 영화를 전해 준다. 서쪽 석탑을 임탑이라고 하고 동쪽 석탑을 수탑이라 한다. 한창 번성할 때는 수백 명의 스님들이 공부하고, 대웅전을 비롯한 전각과 불탑 등이 수 백기에 이르는 큰 절이었다고 한다. 일설에 의하면 절에 사람이 너무 많이 찾아와 스님들 공부에 방해가 되자 '도인은 속세와 인연을 끊는다'는 뜻을 담아 원래의 절 이름이었던 금계사를 단속사(斷俗寺)로 고쳤고, 그 이후 절을 찾는 사람이 없어지고 마침내 절이 폐사되었다고 한다.

Ⓑ 원정마을

탑동 동남쪽에 있는 농촌 마을이다. 마을 앞 들 한 복판에 느티나무 두 그루가 서 있는데, 전해지는 이야기에 의하면 이 느티나무는 시골 선비들이 과거 보러 갈 때 쉬어 갔고, 국상을 당하면 냉수 한 잔을 올리고 북향 재배하며 머물던 곳이라고 한다.

Ⓒ 청계리

대안촌과 청계마을을 청계부락이라 하며 용두, 개당 등 3개 부락을 합쳐 청계리라고 한다. 50여 호에 이르는 큰 마을로 물레방아가 있었다. 개당부락은 진자촌(榛子村)이라고도 한다. 뒷산이 개가 누워

있는 형태라서 개당이라는 설과 가뭄 때 개를 묶어 마을 앞 개천 용소에 넣고 기우제를 지낸 연유로 개당이 되었다는 설이 함께 전해진다. 개당 동남쪽에 있는 용두부락은 동네 뒤편에 용머리 같은 산이 있어 용두(龍頭)가 되었다. 이 동네에는 이고산(李高山)의 화숫대 한 개가 섰고, 물레방아와 무쇠점이 있었다고 한다. 청계(淸溪)마을에는 이름 그대로 맑은 시내가 흐른다.

D 운리

운리(雲里)는 탑동, 본동, 원정 등 3개 동네를 말한다. 옛 마을 사람 46인이 합심해 서당과 송나라 주희 선생을 기리는 운곡재를 짓고, 마을 이름은 운리, 마을 계곡은 중국 무

이산의 무이구곡(武夷九曲)을 본떠 금계구곡이라 했다고 한다. 마을 뒤 옥녀봉에서 흘러온 비단(錦) 같은 시내(溪)가 있어 통일신라 경덕왕 때 지은 절 이름이 금계사(錦溪寺)였다. 금계사는 후에 절 이름을 단속사(斷俗寺)로 고치고는 망했다고 전해진다. 근년에 탑동 뒤에 새로운 금계사가 세워졌다. 운리 내에는 사기점과 물레방아도 있었다 한다. 호수는 백여 호가 되며 운리초등학교 자리에 다물민족학교가 들어서 있다.

콜택시 전화번호
산청읍 055-973-3277
원지콜택시 055-972-0752

지역과 함께하는 둘레길 여행

오일장
산청장(1, 6일)
상설시장으로 옛 시골장의 정취는 없으나 장날이 되면 시골 아낙네와 할머니들이 직접 재배한 무공해 채소들과 자연 산나물, 약초, 버섯 등을 들고 나와 푸근한 시골장의 인심을 맛볼 수 있다.

덕산장(4, 9일)
덕산장은 산청군 시천면과 삼장면의 경계인 덕산분지 내에서 5일마다 열리는 재래시장이다. 지리산의 각종 약초, 산나물, 채소 등을 판매한다. 특히나 이곳 곶감이 전국적으로 유명해 가을철이면 곳곳에서 곶감을 사고파는 정겨운 모습을 볼 수 있다.

지역 생산물
곶감, 한방약초, 흑돼지, 딸기 등.

은행(농협), 우체국
대중교통을 이용하는 신안면소재지(원지터미널)나 산청읍으로 이동해야 한다.

산청의 오지마을 중 하나인 마근담 가는 길

운리~덕산
(덕산~운리)

운리마을 → 원정마을(0.4km) → 양뻔지(0.4km) → 운리임도(1.4km) → 백운계곡 (3.4km) → 마근담입구(2.1km) → 사리마을(4.8km) → 남명기념관(0.1km)

- 거 리 12.6km
- 시 간 5시간 30분
- 운 리 산청군 단성면 운리 545-2(호암로 631)
- 덕 산 산청군 시천면 사리 403-6(남명로 311)

작은 소리에 귀 기울이다
'지리산 나무야, 풀아, 돌아, 물아!'

경사가 심한 내리막과 오르막이 있고, 계곡을 따라 걸어야 해 힘든 구간이다. 그래서 더 깊은 지리산의 기운을 느낄 수 있기도 하다. 운리에서 시작한 농로를 지나면 임도가 나온다. 임도를 따라 걷는 중간에 백운동계곡으로 가는 길을 만난다. 이 길은 나무를 운반하던 운재로였다. 너른 길이 울창한 참나무숲속으로 이어진다. 숲속에서 너덜을 만나고 작은 개울도 장난치듯 건너게 된다. 다시 좁아진 길을 지나면 백운계곡이다. 여기서 마근담 가는 길은 솔숲과 참나무숲이 우거져 싱그럽다. 사리마을로 내려서면 천왕봉이 눈에 자주 들어오는 구간이다.

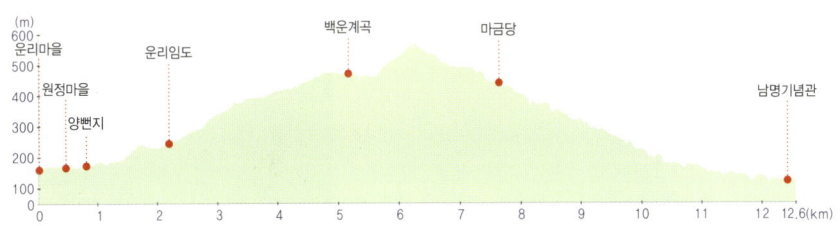

구간 한눈에 보기

❶ **운리마을** 운리에서 시작한 농로를 지나면 임도가 나온다. 임도는 포장과 비포장이 반복된다. 임도를 따라 걷는 중에 백운동계곡으로 가는 길을 만난다.

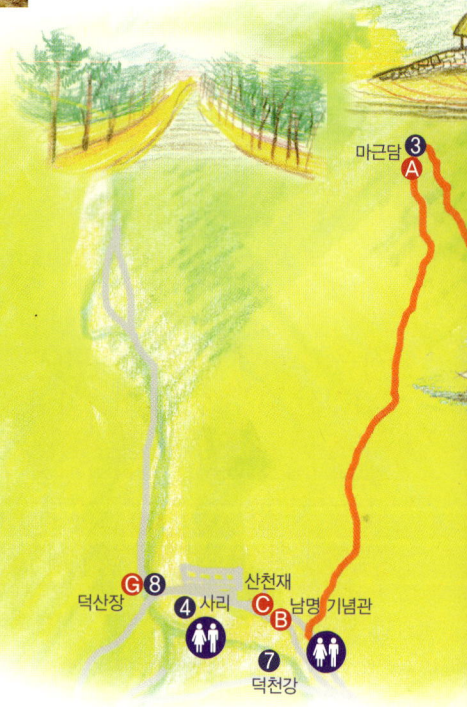

❷ **백운동계곡** 백운동계곡 입구에서 백운마을까지는 2.1km를 더 가야 한다. 백운동계곡에서 의지할 곳은 백운마을이 유일하다. 이곳에서 숙박이 가능하다. 맑은 물과 기암괴석과 숲이 어우러진 풍광이 시원하다.

❸ **마근담** 백운계곡에서 마근담을 가는 길은 숲길. 마근담 사람들이 백운마을로 가던 마실 길이다. 참나무가 주종인 울창한 활엽수림과 솔숲, 다시 참나무숲이 이어진다. 숲 사이로 천왕봉도 보인다.

❽ 덕산장 시천면 덕산에서 매 4일과 9일에 열리는 오일장이다. 산청 곶감이 거래되는 곶감장이 유명하다. 덕산농협 주변 길거리에서 좌판이 펼쳐진다. 날에 맞춰 구간을 걸으면 푸짐한 시골장의 인심을 맛볼 수 있다.

❼ 덕천강 천왕봉에서 시작된 계곡들이 모인 덕천강은 옥종을 지나 진주 남강으로 흘러 낙동강이 되어 남해로 흐른다. 물줄기가 옥종을 지나기 전 이곳 덕산에서 둘레길과 만나 중태까지 함께한다.

❻ 남사예담촌 단성면 남사리에 위치한 전통 한옥마을이다. 높은 토담과 기와집이 고풍스럽다. 골목을 돌며 담 너머 정원에 핀 꽃들을 구경해도 좋다. 3월이면 매화가 고택과 어울려 그윽한 멋을 자아낸다. 숙박시설과 체험 프로그램도 있으니 둘러보자.

❺ 원지 산청군 신안면 소재지. 교통이 편리하고 우체국, 병원 등의 편의시설과 숙박시설, 식당 등이 있다. 둘레길 산청구간 탐방계획을 세울 때 중요한 장소가 된다.

❹ 사리(덕산) 마근담에서 사리까지는 시멘트로 포장된 임도와 아스팔트 생활길이 이어진다. 경사가 급한 내리막 길이라 반대로 사리에서 마근담으로 갈 때 조금 힘이 든다. 목을 축일 수 있는 우물이 있다. 사리마을 일대는 옛날 장터였다.

구간 자세히 보기

운리 찾아가기
산청군 신안면 원지터미널에서 청계행 버스를 타 운리(다물민족학교 앞)에서 내리면 된다.

덕산 찾아가기
진주에서 대원사나 중산리 방향의 버스를 타고 가다 덕산에서 내리면 된다.
원지를 거친다면 원지터미널에서 덕산가는 버스를 타 덕산정류소에서 내리면 된다.

자가용 이용
운리 산청군 단성면 호암로 631(운리 545-2)
덕산 산청군 시천면 남명로 311(사리 403-6)

Ⓐ 마근담

구장터 동북쪽에 있는 마을로 산청의 오지마을 중 하나다. 안마근담과 바깥마근담으로 나뉜다. 산천재 앞 도로를 건너 마근담으로 가는 길은 차량이 겨우 드나드는 좁은 포장길이다. 마근담은 '막힌담'이란 말에서 유래되었다고 한다. 골짜기 생김새가 마의 뿌리처럼 곧아 이름이 붙었다는 이야기도 있다. 웅석봉 자락의 협곡은 안마근담에서 막힌다. 최근에 체험마을로 지정되었다.

Ⓑ 남명기념관

남명 조식선생과 관련된 흩어져 있던 유물들을 모아 한눈에 볼 수 있도록 만든 전시관이다. 시천면 사리에 위치했다. 기념관 내부에는 서책을 비롯한 유품들이 전시되어 있고 외부공간에는 신도비, 남명선생 석상, 여재시 등이 있다. 개관 시간은 10시에서 18시이며, 매주 월요일은 휴관이다.

ⓒ 산천재와 조식선생

산청의 산천재는 조선의 대표적인 처사였던 남명 조식선생이 거처하던 곳이다. 시천면 사리 남명 조식기념관과 길을 사이에 두고 마주보고 있다. 남명 조식선생은 퇴계 이황선생과 쌍벽을 이룬다는 말을 들을 정도로 학문이 깊은 사람이었다. 하지만 평생 벼슬에 나서지 않고 야인으로 지내 처사라는 칭호로 불린다. 조식선생은 지리산을 좋아해 천왕봉이 보이는 이 자리에 산천재를 짓고 기거했다. 이곳에서 후학양성에 힘을 쏟았고, 가르침을 받은 제자들은 후에 일어난 임진왜란 때 큰 역할을 했다고 한다. 본동 건물인 산천재와 사랑채, 그리고 작은 서고가 하나 있는 단출한 구조다. 길 건너편에 조식선생의 묘가 있다. 산천재와 가까이에 있는 덕천서원도 조식선생의 검소함을 느낄 수 있는 구조다. 문의는 남명학연구원 055-748-9147~8

ⓓ 남사예담촌

산청군 단성면 남사리에 위치한 전통 한옥마을이다. 천왕봉 줄기인 웅석봉에서 발원해 10리를 흘러온 사수의 조화로움이 인상적인 천혜의 자연 승지다. 높은 토담과 기와집이 고풍스럽다. 오래된 한옥 뜰에 피어나는 향기 그윽한 매화나무들이 예스러움을 더한다. 농심과 전통놀이, 전통배움 체험 등의 프로그램을 운영하며, 한옥을 이용한 숙소도 제공한다. 경남지역을 대표하는 전통한옥체험마을이다. 옛 것의 아름다움을 몸과 마음으로 체험할 수 있으니 들렸다 가면 좋겠다.

유용한 전화번호
원지시외버스터미널
055-973-0547
진주시외버스터미널
055-741-6039
덕산시외버스터미널
055-972-9027
지리산둘레길 산청센터
055-974-0898

콜택시 전화번호
산청읍 055-973-3277
원지콜택시 055-972-0752

E 백운리와 백운동계곡

백운리에서 이정표(벽수)를 보고 2.1km를 더 걸으면 백운동계곡이 나온다. 조선시대에 진주군 금만면 백운동이었다가 1914년 산청군으로 통합되면서 단성면 백운리(白雲里)가 되었다. 백운동 계곡은 웅석봉에서 내려온 산자락이 길게 뻗어 나와 덕천강으로 쏟아지는 계류다. 목욕을 하면 절로 아는 것이 생긴다는 다지소와 백운폭포, 다섯 곳에 폭포와 담이 있는 오담폭포와 물살이 하늘로 오른다는 등천대가 유명하다. 이처럼 골이 깊고, 아름다운 반석과 맑은 물이 조화를 이루어 곳곳이 한 폭의 그림 같은 곳이다. 남명 조식선생이 노닐었고, 경상우도의 석학 백운동 칠현이 자주 모여 용문암 개울 열여덟 구비에 이름을 붙여 시를 짓던 유명한 계곡이다. 그 유적이 계

곡 곳곳에 남아 있다. 십팔곡은 조석원(鳥石源), 세록대(洗錄臺), 심진암(尋眞巖), 심연(心淵), 관어기(觀魚磯), 분설뢰(噴雪瀨), 수옥와(漱玉渦), 진노폭(振鷺瀑), 유상회(流觴滙), 영월파(詠月波), 운력천(雲靂川), 용추(龍湫), 연주담(聯珠潭), 백련도(百鍊度), 황래폭(黃來瀑), 백화계(百花溪), 은하탄(銀河灘), 성숙정(星宿井) 등이며 모두 단성의 명소이다. 백운동 칠현은 단계 김인섭, 석범 권헌기, 만성 박치복, 소계 류도기, 월고 조성가, 강계 하겸락, 동료 하재문 등이다. 모두 1800년대에 활동했던 분들이다.

🄵 원지

산청군 신안면 면소재지다. 부산이나 진주에서 산청 방면으로 가는 버스의 대부분이 원지터미널을 경유한다. 그래서 교통이 편리하다. 농협, 우체국, 병원 등의 편의시설과 식당, 숙박시설 등이 있다. 이런 이유로 둘레길 산청구간에 대한 탐방 계획을 세울 때 빠질 수 없는 중요한 곳이 된다. 운리~덕산 구간 전체적으로 편의시설이 부족하므로 이 곳에서 준비물을 꼼꼼히 챙겨가는 게 좋겠다.

🄶 덕산장

시천면 덕산에서 매 4일과 9일에 열리는 오일장이다. 덕산농협 주변 길거리에서 좌판이 펼쳐진다. 장날에 맞춰 구간을 걸으면 푸짐한 시골장의 인심을 맛볼 수 있다. 지리산 주봉인 천왕봉 인근 지역 주민들에게 가장 큰 장이었으며 하동군 옥종사람, 청암사람, 산청군 내대, 내·외공 등 지리산 깊은 고을 사람들의 생활 장이다. 산청 곶감이 거래되는 곶감장이 특히 유명하다. 옛날 함양사람들도 곶감을 팔기 위해 쌍재를 넘어 이곳에 왔다.

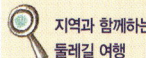

지역과 함께하는 둘레길 여행

오일장

산청장(1, 6일)
상설시장으로 옛 시골장의 정취는 없으나 장날이 되면 시골 아낙네와 할머니들이 직접 재배한 무공해 채소들과 자연 산나물, 약초, 버섯 등을 들고 나와 푸근한 시골장의 인심을 맛볼 수 있다.

덕산장(4, 9일)
덕산장은 산청군 시천면과 삼장면의 경계인 덕산분지 내에서 5일마다 열리는 재래시장이다. 지리산의 각종 약초, 산나물, 채소 등을 판매한다. 특히나 이곳 곶감이 전국적으로 유명해 가을철이면 곳곳에서 곶감을 사고파는 정겨운 모습을 볼 수 있다.

지역 생산물
곶감, 한방약초, 벌꿀, 딸기

은행(농협), 우체국
덕산우체국, 덕산농협을 이용하면 된다.

길과 이야기 4

성심원 ~ 운리 ~ 덕산

영욕의 그림자… 지리산의 꿈
한 번쯤 우리도 모든 것 벗어 던질 수 없나

세상은 변한다. 이렇게 변하는 게 세상살이의 이치일지도 모르겠다. 하지만 너무나 빠르게 변하면서 아주 없어지거나 사라지는 소중한 것들이 너무도 많다. 이렇게 잃어버린 우리의 전통문화와 사람 사는 이치를 어디서 찾고 가꾸고 배워야 할지 막막하다. 이럴 때 손을 내밀고 본보기 삼을 어른이 있는가.
지리산은 살아있는 전통문화 박물관이자 정신사의 요람이다. 우리가 애써 찾아 가꾸지 않아서 모를 뿐이지 조금만 관심을 기울이면 곳곳이 문화재요. 배움터다. 덕산의 산천재와 운리의 단속사지도 그런 곳들 중 하나다.
한 사회를 이끄는 문명은 종교와 무관하지 않다. 지리산은 무속신앙의 뿌리가 깊고 굿당이 많다. 그와 함께 삼국시대와 고려조를 이은 불교문화유적지도 곳곳에 산재해 있다. 폐사지에 가 보았는가. 찬란한 불국토 실현을 꿈꿔온 사람들의 신앙물들이 흔적도 없이 사라지고 옛 영화의 기억을 품은 석탑이나 기와 몇 조각 만 나뒹구는 공간. 무상함의 흔적이자 영욕의 그림자다. '다 사라질 것들인데 무엇을 탐하는가?'라고 반문하고 있는 듯하다.
그 옛날의 단속사는 신도들이 절을 한 바퀴 돌면 미투리가 닳아 떨어지고, 쌀 씻은 물이 10리 밖 냇물에까지 흐를 정도였다고 한다. 또한 신충이 그린 경덕왕의 초상과 솔거가 그린 유마상이 있었다고 전한다. 하지만 그 자취를 알 수 없다. 그렇게 웅장한 절이 어떤 이유로 사라졌는지 설만 무성하고, 석탑 두기만 남아 옛 영화를 전할 뿐이다. 폐사지의 마을은 참으로 안쓰럽다. 절은 흔적도 없이 사라졌지만 주변 민초들의 삶은 이어졌다. 사람의 삶은 참으로 질기고도 모질다는 것을 새삼 느끼게 하는 풍경이다.
덕산은 옛날 천왕봉 자락 사람들과 하동 옥종, 그리고 지리산 깊은 골 사람들이 모여 큰 장을 보던 곳이었다. 이곳에 자리한 산천재는 남명 조식선생이 벼슬을 내려 등용하려 한 임금의 뜻을 여러 차례 거절하고 숨어 살면서 후학들을 양성했던 곳이다. 그의 후학들은 나라의 위기에 처연히 나서 초개와 같이 목숨을 버렸다.
조식선생은 남루한 처사였지만 세속의 권위에 초탈한 대인이었다. 이러한 선생의 모습은 명종에게 올린 단성소(丹城疏)에서 찾을 수 있다. 조식선생은 단성소에서 양반 관료의 부정부패와 지방 서리들의
횡포를 청산하고 백성을 위한 정치를 할 것을 임금에게 요구했다. 또한 임금의 어머니인 문정왕후는 생각은 깊으시나 깊은 궁궐 속 한 과부에 불과하고, 명종은 선왕의 대를 이은 외로운 한 아드님에 불과하다는 극언도 서슴지 않았다. 무소불위의 권력자들에게 직언을 고하는 상소는 목숨을 초개와 같이 내놓은, 세상사에 초탈한 사람만이 올릴 수 있고, 거침없고 걸림이 없는 사람만이 쓸 수 있는 것이었다. 세상 모든 권세 앞에 초연한 남명 조식선생의 고고한 모습에서 지리산의 웅장한 기상을 느끼게 된다.

예나 지금이나 세상은 권력을 통해 움직이고 권력을 통해 개혁도 하고 변화도 일으킬 수 있다고 믿고 있다. 그래서 붕당을 이루고 당을 만들어 권력을 잡으려 한다. 결국 권력 앞에서 얼마나 많은 사람들이 발가벗겨지고, 인면수심 권력자로 변하고 말았는가. 화무십일홍이라 하지 않던가? 말직이라도 얻어 티끌 같은 명예를 자랑하고 싶은 욕망을 벗어던지고 세상사의 풍파에도 아랑곳하지 않고 유유자적 걸림 없고, 거침없이 이 한세상 살아보자.

책임여행의 시작
초심과 평정을 유지하기 위해 돌아보는 길

낙동강 수계인 덕천강을 만나 물장구를 치고 둘레길을 감싸는 두방산의 멋진 풍광을 누리며 걷는 구간이다. 더불어 멀리서 지켜보는 지리산 천왕봉의 기운도 느낄 수 있다. 구간 내내 임도와 옛길이 이어진다. 이 구간에는 중태마을 실명제 안내소가 있다. 마을 주민 스스로 둘레길을 안내하고 주변의 농작물 피해를 방지하고 싶은 바람을 담았다. 이 구간을 지나는 도보여행자 스스로 공정여행과 지나는 길을 그대로 보존하겠다는 책임여행을 다짐하는 자리다. 그리고 자신의 흔적을 남기는 추억의 장소다. 둘레길은 시천면 사리, 원리, 천평, 중태, 옥종면 위태(상촌)마을을 지난다.

덕산~위태
(위태~덕산)

책임여행을 확인할 수 있는 중태마을을 지나 만나는 유점마을 대나무 숲길

남명조식기념관 → 덕산시장(1.3km) → 양단수(0.3km) → 송하마을(0.7km) → 중태마을(2.4km) → 유점마을(3.0km) → 중태재(1.3km) → 위태마을(2.0km)

거 리 11.0km
시 간 4시간
덕 산 산청군 시천면 남명로 311(사리 403-6)
위 태 하동군 옥종면 위태마을 상촌제(저수지) 앞 버스정류소

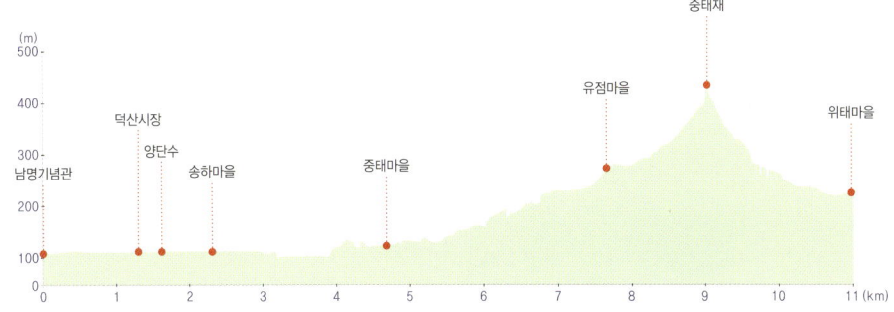

구간 한눈에 보기

❶ 덕산(사리마을) 구장터로 지금도 덕산 오일장이 열린다. 복잡한 시내길이라 유의해야 한다. 매점, 식당 등 편의시설이 갖춰져 있다. 숙박 시설이 있어 하룻밤 묵어가도 좋다.

❷ 천평교 사리에서 천평교까지는 복잡한 시가지 길이다. 천평교를 건너면 곶감 경매장이 나오고 이후부터 덕천강을 따라 난 포장길이 이어진다. 이 길을 따라 걷다보면 중태마을이 나온다.

❸ 덕천서원 천평교를 건너 중태마을 가는 중간에 덕천서원이 있다. 59번 국도 옆이다. 남명 조식선생의 업적을 기리기 위해 세워졌다. 부디 들려서 옛 선인들의 이야기에 귀를 기울이는 여유가 있기를 바란다.

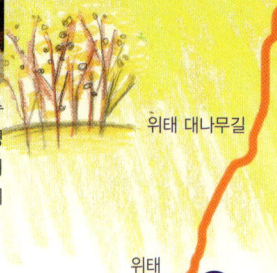

❹ 세심정 덕천서원 앞 강가에 있는 정자다. 세심정은 성인이 마음을 씻는다는 의미다. 남명 조식선생의 제자인 최영경 등이 중심이 되어 덕천서원을 지을 때 함께 지었다. 현재의 정자는 그 후 여러 번 개축한 것이다.

❽ 위태마을 유점마을에서 위태마을까지는 시멘트 임도가 이어진다. 길가에 핀 이름 모를 들꽃들을 세다 보면 어느새 마을회관 앞이다. 버스 정류소 옆에 간이화장실이 있다. 진주를 내왕하는 버스가 있어 구간을 시작하고 끝내기 좋다.

덕천강

20

❼ 유점마을 중태에서 유점마을 가는 길은 포장이 되긴 했지만, 좁기 때문에 오가는 차량을 조심해야 한다. 유점마을은 놋점으로 예전에는 유기마을이었을 것이다.

❻ 중태재 유점마을의 마지막집을 지나면 임도가 시작된다. 길은 임도를 따라 이어지다가 소릿길로 들어서고 중태재를 넘는다. 이 길은 위태 사람들이 덕산장을 보러 다녔던 길이다. 하동군 옥종사람들은 덕산장을 가기 위해 사이재를 넘었다.

❺ 중태마을 마을 안내소가 있다. 의무적으로 들려야 하는 곳이다. 마을 안내소에서는 여행자들 스스로 자신의 이력을 적게 되어 있다. 농작물 피해를 줄이기 위한 고육방책이라 책임여행의 의미를 담아 적극 참여하면 좋겠다. 중태마을은 지천이 감나무 밭이다. 중태마을 정자 앞에 중태 안내소가 있고, 둘레길 안내 및 쉼터 화장실을 이용할 수 있다.

구간 자세히 보기

덕산 찾아가기
진주에서 대원사나 중산리 방향의 버스를 타고 가다 덕산에서 내리면 된다. 원지를 거친다면 원지터미널에서 덕산가는 버스를 타 덕산정류소에서 내리면 된다.

위태 찾아가기
진주터미널에서 옥종행 버스를 타 옥종을 경유해 위태(상촌)정류소에 내리면 된다.

자가용 이용
덕산 산청휴게소(산청군 시천면 사리 403-6)
위태 경남 하동군 옥종면 위태리 783

A 덕산

덕산은 산청군의 삼장면과 시천면을 통틀어 이르는 말이다. 남명 조식선생이 말년을 보냈던 곳으로 덕천서원과 산천재 등 선생의 유적들이 남아 있다. 이곳에 이르면 남원과 함양, 산청 등 지리산 북쪽에서 보았던 것과는 다른 모습의 천왕봉이 멀리서 반겨준다. 곶감이 유명해 예부터 곶감장이 섰다. 지금도 많은 주민들이 곶감을 생산한다. 늦가을 고동시로 빨갛게 불타는 일대 감밭이 아름답다. 최근 몇 년 사이 서리가 일찍 내려 곶감 농사를 망쳤다. 수확할 수 없어 나무에 그냥 달려 있는 감에서 농부의 고단한 살림살이가 읽힌다. 매 4일과 9일에 덕산 오일장이 선다

B 남명 조식선생

덕산에서 만나는 남명 조식선생의 삶은 의미가 깊다. 한 사람의 삶이 정리되고 깊이를 더해가는 자리가 있는가 보다. 처사로 평생을 산 남명선생은 이곳에서 후학을 양성했다.

그 후학들이 나라의 위기 때 의병을 일으켜 망조가 든 나라를 다시 세웠다. 지리산은 이렇게 다음을 준비하는 사람들을 키우고 보듬는

큰 산이다. 남명선생은 지리산을 수차례 오르내리면서 행장기를 기록했다. 지리산둘레길을 여행하기 전 남명선생의 '지리산유람록'을 읽고 오는 것도 좋겠다.

C 덕천서원과 세심정

덕산고등학교 근처에 위치했다. 남명 조식선생의 학문을 이어받고 선생의 업적을 기리기 위해 후학들이 덕천서원을 세웠다. 성인이 마음을 씻는다는 세심정은 선생의 제자인 최영경 등이 중심이 되어 덕천서원을 지을 때 함께 지은 정자다. 현재의 정자는 그 후 여러 번 개축한 것으로 덕천서원 앞 강가에 있다.

D 중태안내소

중태안내소는 지나가는 모든 여행자가 들려야 한다. 농가 피해를 줄이고 마을이 자율적으로 지리산둘레길 안내를 담당하겠다는 소망을 담아 마련했다. 이곳을 오가는 여행자들이 책임여행과 공정여행을 다짐하는 기록을 스스로 남기는 추억의 장소가 되었으면 한다. 쉼터에서 화장실을 이용할 수 있다. 중태마을은 하동군 옥종면에서 산청군 시천면으로 편입되었다. 055-973-9850

E 중태재와 갈치재

중태재는 큰 고갯길이었다. 옆에는 또 하나의 고개가 있다. 갈치재다. 고개 이름을 어른들께 여쭤보면 중태사람들은 위태재로, 위태사람들은 중태재라 답한다. 행정으로 구역을 나눠 지내다 보니 하동사람, 산청 사람으로 갈라서 버린 느낌이다. 산천으로 행정을 가르는 구분이 지역이기주의로 이어지지 않는 날이 오기를 바란다.

유용한 전화번호
지리산둘레길 중태안내소
055-973-9850
지리산둘레길 하동센터
055-884-0854
산청군 문화관광과
055-970-6421
덕산콜택시(시천면)
055-972-9393

 지역과 함께하는 둘레길 여행

오일장
덕산장(4, 9일)
덕산장은 산청군 시천면과 삼장면의 경계인 덕산분지 내에서 5일마다 열리는 재래시장이다. 지리산의 각종 약초, 산나물, 채소 등을 판매한다. 특히나 이곳 곶감이 전국적으로 유명해 가을철이면 곳곳에서 곶감을 사고파는 정겨운 모습을 볼 수 있다.

지역 생산물
곶감, 한방약초, 벌꿀, 딸기 등.

은행(농협), 우체국
덕산(시천면소재지)에 있다. 대중교통을 이용할 때 경유하는 신안면소재지(원지 터미널)나 산청읍을 이용해도 좋다.

숲속에서 깨우치다
'모든 것이 한가지였다. 생명.'

지리산 남쪽을 걷는 길이다. 그동안 낙동강 수계권의 물길들을 만났다면 이제부터는 섬진강 수계권의 물줄기와 조우하게 된다. 지리산을 적신 빗물이 북쪽으로 흐르면 낙동강이 되고 남쪽으로 흐르면 섬진강이 된다. 걷다가 만나는 숲의 모습도 달라진다. 지리산 북쪽이 단일 수종의 숲인 반면에 남쪽은 식생이 다양하다. 지리산 영신봉에서 시작해 부산까지 이어지는 낙남정맥을 만나고, 상촌제, 궁항댐, 하동호 등 시원한 풍경을 연출하는 저수지와 큰 댐을 볼 수 있다. 하동군 위태(상촌), 오율(오대사지), 궁항, 나본마을을 지난다.

낙남정맥의 마루금인 하동군 옥종면
궁항리의 양이터재 숲

위태~하동호
(하동호~위태)

위태마을 → 지네재(1.9km) → 오율마을(0.6km) →
궁항마을(2.2km) → 양이터재(2.2km) → 나본마을
(2.6km) → 하동호(2.0km)

거 리 11.5km
시 간 5시간
위 태 하동군 옥종면 위태리 783(돌고지로 1430-1)
하동호 하동군 청암면 평촌리 산 219-2(고래실길 6)

구간 한눈에 보기

❶ 위태마을 둘레길은 진등마을회관을 옆에 두고 가는데 이곳에서 조용한 마을 모습이 한눈에 들어온다. 버스정류소 옆에 간이화장실이 있어 쉬어가기 편하다. 마을 앞에는 일제 때 팠다고 하는 저수지가 있다. 현재 진주를 내왕하는 버스의 종점마을 이기도 하다.

❷ 상수리나무당산 위태마을 상수리나무당산에서는 아직도 당산제를 올린다. 이곳에서 위태마을이 한눈에 들어온다. 당산나무 아래 둘레길에서 만든 간이의자가 쉬어가라며 손짓한다.

❸ 지네재 재만 넘으면 내리막일 것 같지만 산등성이가 여간해서 보이지 않는다. 그렇다고 부담이 갈 만큼 높지는 않다. 재를 넘어 마을을 비껴가면 오르막이 나오는데 솔숲이다. 경사가 가파르지만 일단 올라서면 평평한 오솔길이 이어진다. 시원하고 아기자기해서 좋다. 소나무 가지 사이로 언뜻언뜻 궁항저수지가 손에 닿을 듯 보인다.

❹ 오율마을 마을 포장길이 끝나는 곳에서 솔숲길이 200m 정도 열린다. 걷기 좋은 숲길은 오율마을을 지나 궁항마을 백궁선원으로 이어진다. 백궁선원은 오대사가 있던 곳이라 한다. 오대사는 지리산을 유람하는 선비들이 들렀던 절이었다.

❽ **하동호** 하동호 옆으로 난 임도를 걷다보면 편백나무와 대나무가 어우러진 숲길을 만난다. 유심히 살펴보면 옛 사람들이 논밭을 일군 흔적과 숯을 굽던 터를 볼 수 있다. 둘레길은 하동댐 수문 위로 이어진다.

❼ **상이마을(나본)** 하동호를 내다 보는 마을이라 풍광이 아름답다. 풍수지리에 따르면 큰물을 만나는 곳이라고 한다. 하동호가 생겨 그 설을 입증해 주는 듯하다.

❻ **양이터재** 하동군 옥종면과 청암면을 잇는 재다. 주로 포장된 임도지만 대나무숲도 지나고 산짐승들이 목을 축이는 개울도 건너는 아름다운 곳이다. 낙남정맥이 이곳을 지난다.

❺ **궁항마을** 궁항마을까지는 내리막이다. 1040번 지방도변에 위치해 진주에서 들어오는 차가 하루 2대 있다. 다음 구간을 가기가 어중간하면 이곳 민박집에서 하루 쉬어가도 좋겠다. 궁항저수지와 단풍이 아름다운 오대산이 있다.

구간 자세히 보기

위태 찾아가기
진주터미널에서 옥종행 버스를 타 옥종을 경유해 위태(상촌)정류소에 내리면 된다.

하동호 찾아가기
하동터미널에서 청학동행 버스를 타 하동호에서 내리면 된다.

자가용 이용
위태 경남 하동군 옥종면
       위태리 783
하동호 경남 하동군 청암면
       평촌리 산 219-2

유용한 전화번호
하동시외버스터미널
1688-2662
진주시외버스터미널
055-741-6039
지리산둘레길 하동센터
055-884-0854

A 위태리

2003년 1월 1일 청암면에서 궁항리와 함께 옥종면으로 편입됐다. 본래 이름이었던 상촌마을이 옥종면에 이미 있던 상촌마을을 피해 위태가 되었다. 지리산 북사면을 도는 59번 국도가 마을 가운데를 지나간다. 진주를 내왕하는 버스의 종점이다. 버스정류장 옆에 둘레길 간이화장실이 있다. 안마을에 촌로들의 쉼터가 되고 있는 참나무로 된 마을정자나무가 있어 잠시 쉬어가며 시인의 말을 기억해도 좋겠다. '조리터에 마을이 있었으니 상갈터라한다. 상갈터는 진등과 암몰과 중몰 3개의 자연마을로 이루어져 있고 왼쪽재를 넘어 오대마을로 오른쪽재를 넘어 시천면 내공리와 중태리로 간다. 가뭄이 극심하여 모내기를 하지 못할 때는 메밀을 심었다' 이곳 출신 정규화 시인이 기억하는 마을 풍경이다.

B 지네재

고단한 농사일의 흔적을 엿볼 수 있는 비교적 높은 고갯길. 마을 논들이 이 높은 지네재까지 있었다. 밤늦게 수확을 끝낸 마을 주민이 횃불을 밝혀 지게를 지고 고갯길을 내려갔다고 한다. 지금도 안마을 뒤에 있는 논에서 촌로들이 손모내기 하는 모습을 볼 수 있다.

🅒 오율마을

몇 개의 작은 마을이 모여 하나의 행정마을을 이루고 있는 촌명이다. 주위에 닥나무가 많아서 일부마을에서 한지가 생산되었다고 한다. 지네재 아래까지 올라가 농사를 지어야 했던 산골마을의
고단한 일상을 걷기 좋은 숲길이 감싸 안았다.

콜택시 전화번호
하동읍
055-884-5512, 882-1111
하동군 횡천면(청암) 개인택시
055-882-6252

🅓 궁항마을

궁항리(弓項里)는 활목이라는 뜻이다. 오대주산(五臺柱山) 아래 유명했던 오대사 절터가 남아 있다. 사방이 높은 산으로 둘러싸인 산골로 철광맥이 있어 쇠를 구운 흔적이 남아 있다. 궁항댐과 아름다운 오대산의 가을 단풍이 볼거리다.

🅔 백궁선원(오대사 터)

국선도 수련장이다. 고려 인종 때 진억대사가 지리산 오대사를 수축하고, 그곳에 수정결사라는 염불도량을 시설해 정진했다. 참가자가 3000명을 헤아렸다고 한다. 그만큼 고승들이 많았을 터다. 남명
조식선생도 고개를 넘어 오대사를 자주 찾았다. 수행 정진하던 오대사 고승들과 만나 시를 나누었다고 한다.

🅕 양이터재

하동군 옥종면 궁항리 양이터와 청암면 중이리 본촌을 잇는 재다. 지리산 영신봉에서 시작해 부산까지 이어진 낙남정맥이 지나는 곳이다. 이곳을 기점으로 수계가 달라진다. 이제부터는 섬진강
수계다. 양이터재는 주로 포장된 임도지만 대나무숲도 지나고 산짐승들이 목을 축이는 개울도 건너는 아름다운 곳이다.

지역과 함께하는 둘레길 여행

오일장
하동장(2, 7일)
하동 오일장은 해산물과 산나물 등이 풍부해 인근 주민들에게 인기가 많다. 또한 매월 첫째 장날(2일)에 '하동포구 팔십리'란 주제의 모노드라마를 상설 무대에 올린다. 하동장은 소설 〈토지〉의 배경이기도 하다.

덕산장(4, 9일)
덕산장은 산청군 시천면과 삼장면의 경계인 덕산분지 내에서 5일마다 열리는 재래시장이다. 지리산의 각종 약초, 산나물, 채소 등을 판매한다. 특히 이곳 곶감이 전국적으로 유명해 가을철이면 곳곳에서 곶감을 사고파는 정겨운 모습을 볼 수 있다.

지역 생산물
곶감, 한방약초, 벌꿀, 딸기, 밤 등.

은행(농협), 우체국
산청군 시천면 덕산, 하동군 청암면 평촌

ⓖ 나본마을

궁항마을에서 임도를 따라 양이터재를 넘어 6km를 더 걸으면 나본마을이 나온다. 나본은 하동군 청암면에 속하고, 하동호를 바라보고 있다. 하동호를 배경으로 사시사철 변하는 경치가 여행자들의 시선을 사로잡는다.

ⓗ 상이리

태고의 정적이 남아 있는 심산유곡의 산골마을이다. 높은 산, 깊은 골짜기, 맑은 물, 기암괴석들이 한데 어우러져 대자연의 신비를 마음껏 자아낸다. 깊은 산골이기에 난리 때 피란처나 은신처였다는 이야기가 그 유적이나 지명들과 함께 전해져 내려온다. 불교 유적들도 남아 있다. 현재 나본과 시목, 두 행정 마을로 나뉘어 있다. 중이리와 접한 일부 지역이 하동댐에 수몰되었다. 상이리는 풍수지리적으로 큰물이 만나는 곳이라고 한다. 하동호가 생겨 그 설을 입증하고 있다.

ⓘ 하동호

하동호 옆으로 난 임도를 걷다보면 편백나무와 대나무가 어우러진 숲길을 만난다. 유심히 살펴보면 옛 사람들이 논밭을 일군 흔적과 숯을 굽던 터를 볼 수 있다. 포장된 도로를 따라 본촌, 동촌마을을 지나면 하동댐의 수문 위를 걷는데 지리산둘레길 중에 독특하고, 하동구간의 또 다른 모습을 볼 수 있는 멋진 길이다. 하동호는 인근 논에 물을 흘려보내는 농업용 댐이었는데 최근에 소수력 발전시설을 갖췄다. 푸른 하동호의 물줄기는 사천 앞바다까지 흘러간다.

길과 이야기 5

덕산 ~ 위태 ~ 하동호

산은 물을 가르고
행정은 지역을 가른다

'산자분수령'은 산은 물을 가른다는 말이다. 마루금의 키워드로 사용되는 말로 산은 물을 건너지 못하고 물은 산을 건너지 못한다는 개념을 설명한다. 자연은 늘 경계를 이루고 있는듯하지만 간섭하지 않고 스스로의 위치에서 자신의 몫을 지키며 상대를 존중한다. 사람만이 자연에 간섭해 인위적으로 수많은 곳의 물길을 돌리고 댐을 만들어 물의 흐름마저 바꿔 놓는다.

지리산둘레길에서 낙동강과 섬진강을 나누는 수계지역을 만난다. 전북 남원시 주천면 노치마을과 낙남정맥이 지나는 경남 하동군 청암면 양이터재가 대표적이다. 하늘에서 내릴 때야 시공간의 다툼이 없지만 땅에 내린 빗물은 낙동강이 되거나 섬진강이 되어야만 바다로 흘러갈 수 있다. 이곳 마루금에 내리는 빗물이 낙동강과 섬진강의 시작이 된다고 할 수 있겠다. 남원, 함양, 산청을 지나온 낙동강 수계권이 양이터재를 지나면서 섬진강 수계권으로 바뀐다. 유심히 살펴보면 숲의 모습이나 길의 모습도 조금씩 다르다. 솔숲에서 갈숲과 대숲으로 변한다.

산업화가 진행되지 않았던 시절에는 모든 강들이 바다와 오가며 서로 몸을 섞었다. 하지만 취수의 대상이 되면서 막혔다. 바다와 강을 가로막는 하구언이 생긴 것이다. 낙동강 하구언의 을숙도는 철새의 보금자리이자 너른 갈대밭으로 유명했다. 하지만 하구언이 생기면서 사라진지 이미 오래다. 그 사연을 아는지 모르는지 아직도 이곳 지리산에서는 낙동강을 그리는 물방울들이 추억을 찾아 낙동강 수계로 제 몸을 던진다.

지리산 또 하나의 수계권인 섬진강에는 아직 하구언이 건설되지는 않았다. 하지만 이곳 섬진강도 광양만을 중심으로 산업화가 급속히 진행되면서 하구 쪽에 오염과 염해 피해를 입고 있다. 섬진강 상류에 건설된 댐과 보로 인해 유량이 급격히 줄어들어 바닷물이 상류로 유입된 결과다. 물길은 물길로 막는다는 말이 있다. 섬진강 본류의 유량을 늘려 바닷물의 유입을 막아야 한다는 주장이 계속해서 나오는 이유다.

덕천강이 흐르는 산청군 덕산장은 하동, 함양, 산청 인근 지리산 사람들이 어울리는 아주 큰 장이다. 고개와 고개를 넘고 강을 건너 이곳에서 필요한 생필품을 바꾸고 사 갔을 것이다. 장은 지역 구분 없이 살아가는 민초들의 삶의 현장이라는 것을 민낯으로 보여준다. 덕산장은 지금도 지리산 '곶감장'으로 유명하다. 곶감 외에도 지리산 특산 물을 만날 수 있다.

산청 중태마을은 한 때 하동군 옥종면이었다. 더 올라가면 하동군 옥종, 청암, 산청 군 시천, 단성, 삼장이 진주에 소속된 시절도 있었다. 지금도 덕산은 산청군에 속해 있 고, 옥종면은 하동군에 속해 있지만 이곳 사람들은 군 소재지보다 진주시를 생활권으 로 살아간다. 가끔 행정 편의적 지역 구분으로 인해 주민들이 오히려 불편해 하는 경 우를 본다. 행정이란 지원 시스템이 사람들의 편리와 편익을 마련하는 것이어야 하는 데 오히려 주민을 가르고 지역을 나눠 사람들 마음마저 갈라놓을 때가 있어 안타깝다. 지리산둘레길은 지역의 마음을 나누는 곳인 만큼 생태적으로 지역이 변하는 과정도 살펴보는 여유로움과 넉넉함을 잃어버리지 말자.

지리산이 나에게 말을 걸다
"안녕하세요?"

호수길, 아스팔트길, 개울길, 대나무숲길 등이 적절하게 섞여 여행자를 즐겁게 한다. 이 구간은 옛날 아이들이 학교를 오가던 추억의 길이 많다. 청암면 소재지와 적량면 농업지역을 지나 만나는 마을도 많다. 명사분교, 삽화초등학교, 우계분교장이 모두 폐교되었다. 그러나 지리산둘레길이 열리고 지리산 폐교들이 살아나고 있다. 삼화초등학교는 리모델링을 거쳐 삼화실 에코하우스로 운영되고 있다. 고갯길에서 마을아이들이 재잘거리며 산과 들을 놀이터 삼아 학교를 오간 기억을 떠올려보자.

평촌마을에서 관점마을 가는 길의 관점 돌다리.

하동호~삼화실
(삼화실~하동호)

하동호 → 평촌마을(1.9km) → 화월마을(1.3km) → 관점마을(1.0km) → 상존티마을(3.2km) → 존티재 (0.7km) → 동촌마을(0.8km) → 삼화실(0.5km)

거 리 9.4km
시 간 4시간
하동호 하동군 청암면 평촌리 산 219-2 (고래실길 6)
삼화실 하동군 적량면 동리 1063-1 (동촌길 21-2)

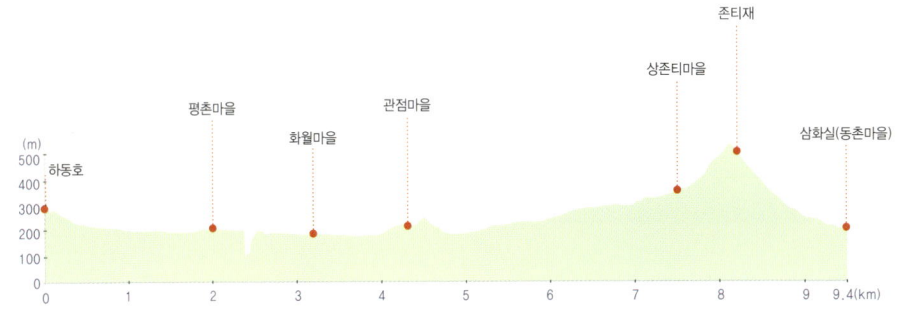

구간 한눈에 보기

❶ 하동호 하동호 제방에서 길은 다시 시작한다. 푸른 호수가 펼쳐진 풍경이 시원하다. 하동호 수문 위를 걸어 하동호 관리사무소 아래 공중화장실 가는 길을 따라 걸으면 둘레길이다. 쉼터와 화장실이 마련되어 있다. 하동호 밑으로 체육공원이 보인다.

❷ 평촌마을 하동호에서 흘러나오는 물줄기 따라 청암면 공설운동장을 옆에 두고 쭉 내려오면 면 소재지인 평촌마을이다. 편의시설이 있어 준비물을 사거나 식사를 할 수 있다. 하동읍으로 나가는 차가 자주 있어 대중교통을 이용하기도 좋다.

❸ 관점마을 평촌에서 돌다리를 건너서 관점마을로 향하는 둘레길은 운치가 있다. 편안한 다리 대신 여러 모양의 돌들이 이어진 돌다리를 건너는 길이 고향의 향수를 불러일으킨다. 장마철에 물이 불으면 우회 할 수 있는 길이 있다.

❹ 용심정 관점마을에서 용심정 가는 길은 포장길이지만, 하늘로 쭉 뻗은 시원한 대나무숲도 만난다. 명호에서 명사로 접어들어 길 오른쪽으로 보이는 첫 동네가 용심정이다.

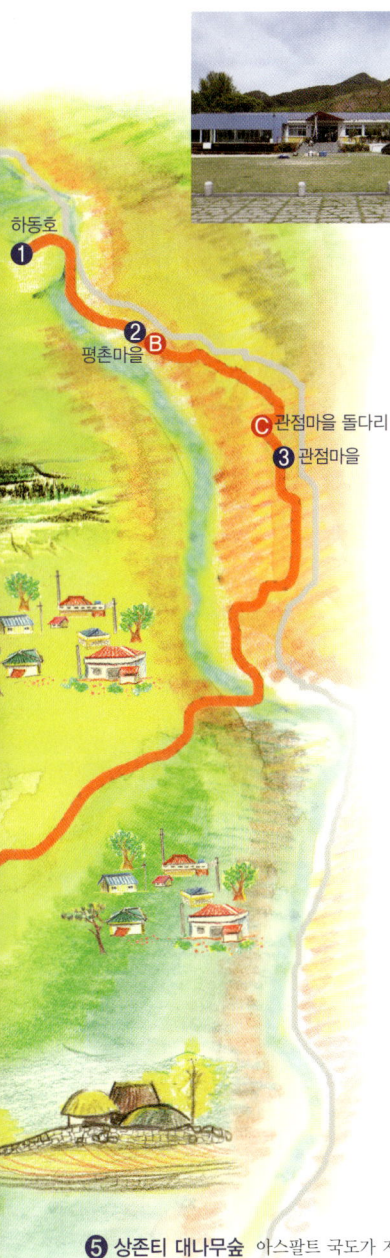

❽ 삼화에코하우스(구 삼화초등학교) 삼화실(동촌마을)에 위치한 구 삼화초등학교를 개조하였다. 숙소 및 세미나 시설, 둘레길 안내소가 있다.

하동호 ❶
❷ B
평촌마을
C 관점마을 돌다리
❸ 관점마을

❼ 동촌마을 존티재를 넘으면 들녘을 가득 채우는 비닐하우스를 만난다. 그 안에는 동촌마을의 효자 농작물인 부추와 취나물이 자란다.

❻ 존티재 청암 사람들이 적량면 삼화초등학교를 다녔던 길이다. 숨을 깔딱거리며 제집 드나들듯 뛰어 다녔다고 한다. 솔숲길이 이어져 상쾌하다. 하동군에서 세운 부부장승이 반긴다.

❺ 상존티 대나무숲 아스팔트 국도가 지루하다면 지나는 마을을 둘러본다. 용심정과 명사마을의 소소한 일상들이 여유를 가져다준다. 그렇게 걷다보면 어느새 아스팔트 길이 끝나고 상존티마을의 푸른 대나무숲이 반긴다.

구간 자세히 보기

하동호 찾아가기
하동터미널에서 청학동행 버스를 타 하동호에서 내리면 된다.

삼화실 찾아가기
하동터미널에서 삼화실행 버스를 타 삼화실(이정)정류소에서 내리면 된다.

자가용 이용
하동호 경남 하동군 청암면 평촌리 산 219-2
삼화실 경남 하동군 적량면 동리 1063-1(지리산 둘레길 삼화실안내소)

A 하동호

1985년 하사지구(하동과 사천)에 농업용수를 공급하기 위해 건설됐다. 맑고 깨끗한 묵계천과 금남천을 수원으로 한다. 청암면 중이리 일대에서 묵계천을 가로막았다. 사업지역은 2개군 11개읍면 60개리로 구역면적은 4,885ha, 몽리면적은 3,560ha이다. 총저수량 3,155만톤, 유효저수량 2,993만톤, 단위저수량 869m/m의 대단위 댐으로 하사지구의 농업용수를 충족시키고 있다. 하동호는 지리산 깊은 골에 위치한 산중호수다. 산과 물이 만드는 풍경이 댐 상류인 청학계곡과 묵계계곡으로 이어진다. 봄에는 꽃이, 가을에는 단풍이, 겨울에는 하얀 눈이 지리산의 웅장한 자태와 조화를 이룬 풍경이 절경이다. 여기에 계곡의 맑은 물과 신선한 공기가 더해져 사시사철 하동호와 계곡을 찾는 여행자들의 발걸음이 끊이지 않게 만든다. 산중의 깊은 호수는 바다 빛깔을 닮았다. 댐 주위에 펼쳐진 잔디밭과 어울려 눈을 시원하게 만든다. 또한 몇 년 전에 방류한 치어들이 자라 물고기가 풍부해 강태공들이 즐겨 찾는다. 비오는 날 멀리 보이는 구름 속에 감춰진 묵계계곡과 안개 자욱한 하동호는 차 한 잔의 유혹을 불러일으키기에 충분하다.

B 평촌마을

청암면소재지 역할을 하고 있다. 우체국, 농협하나로마트, 보건지소 등 편의시설을 갖춰 잠깐 쉬면서 여행 준비물을 사거나 요기를 해결할 수 있다. 하동읍으로 나가는 버스가 다니는 길목이라 교통도 편리하다. 평촌을 창촌이라고도 했다. 큰 들을 끼고 있는 마을 풍경과 어울려 그럴듯하게 들린다. 또한 청암지서 뒤 몰랑(몬당, 산을 넘어가는 고개)에 당산이 있었기에 당산몰이라 불렀다고도 한다.

ⓒ 관점마을 돌다리

둘레길을 만들면서 평촌마을의 넓은 들과 관점마을을 이어주는 관점교 옆으로 돌다리를 놓았다. 여러 모양의 돌들을 모아 만든 돌다리가 아이들에게는 모험심을, 어른들에게는 고향의 향수를 불러일으킨다. 편안한 다리 대신 돌다리를 건너는 길이 운치 있다. 장마철에 물이 불으면 관점교로 우회하면 된다.

ⓓ 존티재

이곳 어르신들이 어릴 적에 공부하러 삼화초교에 다녔던 재이기도 하다. 행정구역상 청암면이지만 적량면 삼화초교가 더 가까워 존티재와 상존티재를 제집 드나들듯 뛰어다녔다고 한다. 솔숲의 진한 피톤치드를 즐기며 천천히 오르다 보면 큰 키의 부부장승이 익살스럽게 맞아준다. 하동군에서 세운 천하대장군과 지하여장군이다. 부리부리한 눈매를 보며 잠시 휴식을 취하기 좋다. 재 아래로 멀리 둘레길에 위치한 삼화초교가 눈에 들어온다.

ⓔ 개골재

상존티에서 적량면 삼화실로 넘어가는 재다. 이 동네 사람들이 하동읍으로 장을 보러 다니던 길이다. 하지만 둘레길은 이곳을 넘지 않고 존티재로 간다.

ⓕ 삼화에코하우스(구 삼화초등학교)

지리산자락에 그 많았던 초등학교가 지금은 면마다 겨우 1~2개만 남고 거의 폐교되었다. 둘레길 구간 가운데는 마천면 의탄초등학교와 이곳 삼화초등학교가 폐교로 남았다. 두 학교 모두 둘레길이 열

유용한 전화번호
하동시외버스터미널
1688-2662
진주시외버스터미널
055-741-6039
하동역 055-882-7788
지리산둘레길 하동센터
055-884-0854
지리산둘레길 삼화실안내소
055-883-0858

콜택시 전화번호
하동읍
055-884-5512, 882-1111
하동군 횡천면(청암) 개인택시
055-882-6252

지역과 함께하는 둘레길 여행

오일장
하동장(2, 7일)
하동 오일장은 해산물과 산나물 등이 풍부해 인근 주민들에게 인기가 많다. 하동장은 소설 〈토지〉의 배경이기도 하다.

지역 생산물
매실, 부추, 취나물, 녹차, 밤, 배 등.

은행(농협), 우체국
하동군 청암면 소재지(평촌), 하동읍.

★ 하동군 청암면 관점마을(평촌마을)의 돌다리는 장마철에 물이 불으면 관점교로 우회해야 한다.

리면서 지역 주민들 공간으로 활용되고 있다. 비록 공부를 하는 교정으로 재 모습을 찾지는 못했지만, 그래도 지역 주민들이 땅을 기부하거나 노역으로 설립된 학교인 만큼 주민들의 공공시설로 운영되고 가꾸어지는 모습이 보기 좋다. 최근 게스트하우스(에코하우스)로 다시 문을 연 삼화초등학교는 1998년 환갑을 넘기지 못하고 폐교됐다. 한 때는 전교생 600명이 넘었던 제법 큰 학교였다. 그 많던 아이들 소리가 지금도 들린다면 우리의 농업이 이렇게 천대 받지는 않을 것이다.

ⓖ 삼화실

삼화초교 주변 세 개의 마을(이정, 도장골, 중서)을 합쳐 삼화실(三花實)이라 한다. 삼화(三花)는 이정마을의 배꽃, 행정리의 상서마을인 도장골의 복숭아꽃, 중서마을 오얏의 자두꽃이다. 여기에 과실 실(實)을 붙여 삼화실이다. 부추와 취나물을 주로 재배하고 있으며 지리산 자락에 흔한 관광시설이 들어오지 않아 시골정취가 아직 많이 남아 있는 곳 가운데 하나이다. 이곳에 위치한 삼화초등학교에는 동점, 도장골, 중서, 하서, 동촌, 이정, 명천 등 적량면 7개 마을과 청암면 명호리 존티, 점촌, 절골 아이들이 다녔다. 중서마을에서 악양 상신대마을로 가는 삼화실재는 적량과 악양을 오가던 큰 고갯길이다. 이 고개에 옛날 길손들이 오가며 돌을 얹어 안녕을 빌었던 서낭당이 남아있다. 둘레길은 아니지만 이 고갯길을 넘어가는 여행길도 계획해 보자.

눈부신 지리산, 하늘과 강을 품다

눈과 마음이 모두 즐거운 구간이다. 마을도 많이 지나고 논밭과 임도, 마을길, 숲길 등 다양한 길들이 계절별로 다른 모습으로 반긴다. 봄에는 꽃동산을, 가을이면 황금색으로 물든 풍요로운 지리산 자락을 펼쳐 놓는다. 먹점재에서 미동 가는 길에 만나는 섬진강과 화개 쪽의 형제봉 능선, 그리고 섬진강 건너 백운산 자락이 계절별로 색을 바꿔 순례자와 여행객들의 마음을 잡고 놓아주지 않는다. 길만큼 마을 숲도 다양하다. 천연기념물로 지정된 악양면 대축의 문암송은 생명의 존엄성을 다시 한 번 되새기게 한다. 또한 지리산 북쪽에 다랑논이 있다면 이곳에는 갓논이 있다. 갓처럼 옹색한 작은 논을 이르는 말이다. 동리, 원우, 서당, 신촌, 먹점, 미동, 대축마을을 지난다.

먹점재에서 바라본 어머니의 강 섬진강.

삼화실~대축
(대축~삼화실)

❶ 삼화실 → 이정마을(0.4km) → 버디재(1.1km) → 서당마을(1.6km) → 우계저수지(0.6km) → 신촌마을(2.7km) → 신촌재(2.8km) → 먹점마을(1.9km) → 먹점재(1.0km) → 미점마을(1.8km) → 미점숲입구(0.9km) → 문암송(1.0km) → 대축마을(0.9km)

❷ 삼화실 → 이정마을(0.4km) → 버디재(1.1km) → 서당마을(1.6km) → 우계저수지(0.6km) → 신촌마을(2.7km) → 신촌재(2.8km) → 구재봉활공장(2.0km) → 미점숲입구(2.9km) → 문암송(1.0km) → 대축마을(0.9km)

거 리 16.7km(구재봉 경유 16km)
시 간 7시간
삼화실 하동군 적량면 동리
       1063-1(동촌길 21-2)
대 축 하동군 청암면 축지리
       945(악양동리 157)

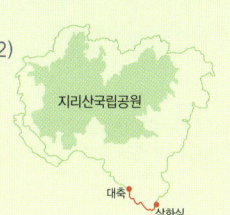

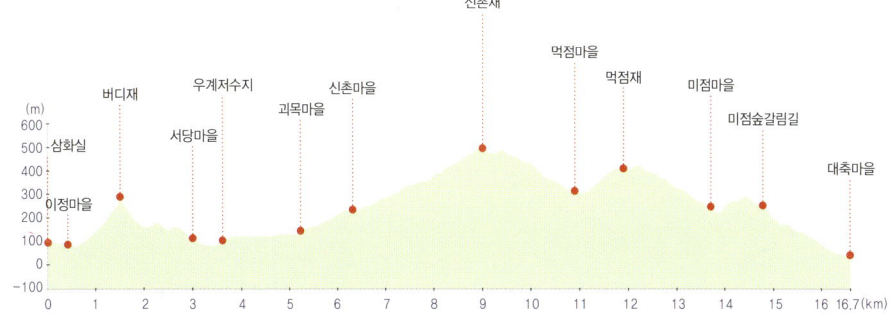

구간 한눈에 보기

❶ 이정마을 삼화초교에서 이정마을 이정표(벅수)를 따라가면 마을 회관 앞에 우뚝한 느티나무가 장관이다. 황금빛으로 물든 가을 느티나무는 찬란하기까지 하다. 마을을 지나 이정교를 건너 밥봉(밥그릇 모양의 산)을 옆에 두고 오르막을 오르다 보면 밤나무 군락지를 만난다.

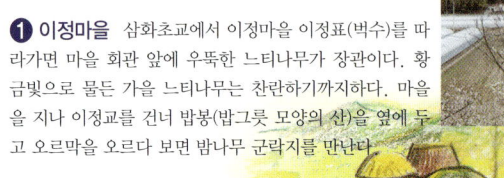

❷ 버디재 고로쇠나무를 많이 심었던 이정마을의 마을동산 밥봉을 지나면 나오는 옛 숲길이다. 마루금(능선)에 오르면 소나무 숲이 반긴다. 운이 좋으면 샘물을 찾아 마실 수 있다. 동네 아이들이 소몰이를 하거나 나뭇짐을 지고 가다 마른 목을 축이던 샘이다.

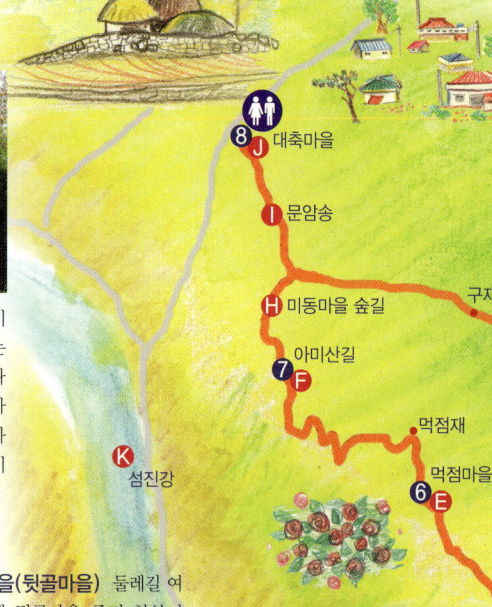

❸ 서당마을(뒷골마을) 둘레길 여행자를 위해 뒷골마을 주민 한분이 우계리 풍광이 한눈에 들어오는 자리에 물레방아를 만들고 넓적한 바위를 옮겨 놓아 쉼터를 열었다. 쉬어 가기 그만인 곳이다. 뒷골마을에서 가파른 포장도로를 따라 서당마을까지 내려오면 2차선 도로를 만난다.

❹ 우계 저수지 둘레길은 농로와 임도를 오르내리다 우계저수지 제방길로 이어진다. 이곳은 산골마을의 중요한 농업용수 공급처다. 이곳에서 적량 쪽을 바라보면 갓논으로 불리는 다랭이 논들이 한 눈에 들어온다.

❽ **대축마을** 천연기념물 문암송에서 조금만 내려오면 대축마을이다. 무덤이들판이라 불리는 악양들판을 배경 삼았다. 부부소나무라는 이름처럼 정다운 소나무 한 쌍이 여행자를 미소 짓게 한다.

❼ **아미산길** 활공장과 구재봉으로 가는 길목인 아미산길은 섬진강과 저 멀리 여수 앞바다를 배경으로 나비처럼 날아다니는 패러글라이더들 아래를 지나 미동마을로 이어진다. 내리막길은 미동마을 앞에서 악양면 대축마을로 방향을 튼다. 명물이 될 차밭길이 이어진다.

❻ **먹점마을 먹점재** 봄 먹점마을은 꽃 천지다. '나의 살던 고향은 꽃피는 산골'이란 노랫말에 딱 맞는 마을이다. 마을 숲에서 낮잠 한숨 자고 가도 좋겠다. 마을을 지난 임도는 먹점재로 이어진다. 고개에 오르면 시원한 섬진강 강바람이 반긴다. 멀리 섬진강, 그리고 지리산과 백운산 능선들이 보인다.

❺ **신촌마을** 고지가 꽤 높아 걸어온 길들이 한 폭의 그림처럼 눈앞에 펼쳐진다. 그동안의 수고를 한방에 날려버린다. 카메라를 저절로 들게 만드는 아름다운 풍광이다. 구불구불 이어진 임도는 묵언수행 하기 좋다. 골 깊숙이 들어갈수록 인기척은 사라지고 바람소리만 들린다. 고요히 생각을 비울 수 있는 길이다.

구간 자세히 보기

삼화실 찾아가기
하동터미널에서 삼화실행 버스를 타 삼화실(이정)정류소에서 내리면 된다.

대축 찾아가기
하동터미널에서 악양행 버스를 타 대축마을에서 내린다.

자가용 이용
삼화실 경남 하동군 적량면 동리 1063-1(지리산둘레길 삼화실안내소)
대축 경남 하동군 악양면 축지리 945

A 버디재

중간 중간 돌계단이 정성스럽게 다듬어져 있다. 숲길이라 여름에도 해를 피해 땀을 식히며 걷게 된다. 예전에 버드나무군락지가 있었던 습한 지역이었다.

B 서당마을(지리산둘레길 서당마을 안내소)

본래 상우마을의 자연 부락으로 상우마을과 한 마을이다. 마을 함덧거리(연대를 알 수 없는 시절 주민들을 괴롭히던 호랑이를 잡기 위해 이 곳에 구덩이를 파고 덫을 놓았다고 하

여 붙여진 이름)와 뒷골 큰 대밭 가운데에 서당이 있었다고 한다. 지금은 대밭이 되어 그 흔적을 찾을 수 없다.

C 우계저수지

이곳 산골마을의 중요한 농업용수 공급처다. 깊은 수심만큼 슬픈 전설이 전해진다. 옛날에 신행길에 오른 한 신부가 가마를 타고 보를 지나다 굴러 떨어져 죽었다. 그곳에 가마쏘라는 무덤이 만들어졌다. 그런데 하필 그 자리에 저수지가 들어서 수장되고 만다. 지금도 부부의 연을 다하지 못한 여인의 비통함을 닮은 산까치 울음이 들린다. 이곳에서 화장실을 이용할 수 있다.

D 신촌마을

적량면 첫 마을이자 마지막 마을이다. 북쪽으로 구재봉을 경계로 악양면에 접해있고 서쪽으로는 안산의 분지봉을 경계로 하동읍과 접해 있으며 남쪽으로는 괴목, 동쪽으로는 삼화실과 인접해 있다. 마을 앞 우계천은 구재봉에서 발원해 동산리 징평들에서 끝나는, 연중 마르지 않는 시내다. 하동읍으로 나가는 버스가 오전 7시, 오후 2시와 6시 20분, 이렇게 하루 3차례 운행한다.

E 먹점재(먹점마을)

하동읍을 오가던 고개다. 내리막길 편백나무숲이 거수경례를 하며 반기는 듯하다. 곳곳에 생계를 위해 가꾸는 매실농원이 많다. 먹점마을처럼 하동군의 인근 마을 대부분이 매실 농사를 짓는다. 적량도 마찬가지다. 여행자들의 각별한 주의가 필요한 곳이다. 봄이 되어 농원 매화나무가 꽃을 피우면 무릉도원이 따로 없는 별천지가 된다. 매실농원 뒤로 둘레길이 이어진다.

F 활공장

활공장은 섬진강과 저 멀리 여수 앞바다를 배경 삼아 패러글라이딩을 할 수 있는 지리산의 명소다. 어머니 품처럼 포근한 섬진강 모래

유용한 전화번호
하동시외버스터미널
1688-2662
진주시외버스터미널
055-741-6039
지리산둘레길 하동센터
055-884-0854
지리산둘레길 삼화실안내소
055-883-0858

콜택시 전화번호
하동읍 콜택시
055-884-5512, 882-1111
악양콜택시
055-883-3009

톱과 무덤이들에 나비처럼 날아다니다 착륙하는 패러글라이더들이 곳곳에서 목격된다. 몸을 던져 날고 싶은 충동을 느낀다.

ⓖ 구재봉

구재봉(767m)은 하동군의 북쪽인 하동읍 흥룡리와 악양면, 적량면에 걸쳐 있는 산이다. 정상은 널찍한 암봉광장으로 상사바위, 흔들바위, 천년서굴, 방바위 등 기암들이 즐비하다. 사방이 뚫려 지리산, 섬진강, 악양 평사리가 한눈에 들어온다.

ⓗ 미동마을 숲길

솔방울이 뒹구는 솔숲으로 난 숲속길이다. 고라니며 족제비 발자국이 선명하다. 사시사철 푸르른 소나무 향이 그동안의 피곤을 녹여준다. 봄이면 지천에 핀 이름 모를 들꽃들이 여행자를 맞는다. 솔잎이 쌓여 푹신푹신한 이 길은 밤나무며 매실나무가 가득한 사유지가 많기 때문에 주의가 요망된다.

ⓘ 문암송

대축마을 입구에 오래된 소나무 한 그루가 위풍당당하게 하늘을 향해 기개를 펼치고 있다. 아미산의 천연 거암(바위)을 뚫고 자란 600년 된 소나무, 천연기념물인 문암송이다. 높이가 12.6m, 둘레는 3.2m다.
매년 봄철이면 주민들이 합심해 지역의 안정과 주민의 건강을 기원하는 제정을 지내는 천연기념수다. 옆에 문암정도 있다. 둘러보면 감탄이 절로 나온다.

ⓙ 대축마을

천연기념물 문암송에서 조금만 내려가면 대축마을이다. 정보화시범마을로 대부분의 주민들이 대봉감을 재배해 소득을 올리는 대봉감 시배지다. 무덤이 들판이라 불리는 악양들판을 배경 삼았다. 부부소나무라는
이름처럼 정다운 소나무 한 쌍이 여행자를 미소 짓게 한다.

ⓚ 섬진강

길이 225km, 유역면적 4,896km². 전라북도 진안군 백운면 신암리 팔공산(1,151m) 북쪽 1,080m 지점 서쪽 계곡에서 발원해 북서쪽으로 흐르다가 정읍시와 임실군의 경계에 이르러 갈담저수지(일명 옥정호)를 이룬다. 순창군·곡성군·구례군을 남동쪽으로 흐르며 하동군 금성면과 광양시 진월면 경계에서 광양만으로 흘러든다. 먹점재에서 대축마을 가는 길에 아름다운 섬진강 모습을 자주 만난다.

지역과 함께하는 둘레길 여행

오일장
하동장(2, 7일)
하동 오일장은 해산물과 산나물 등이 풍부해 인근 주민들에게 인기가 많다. 하동장은 소설 《토지》의 배경이기도 하다.

지역 생산물
매실, 악양대봉감, 취나물, 하동 녹차, 밤, 배, 참게, 재 등.

매점
적량면 삼화실 이정마을 정류소 앞, 악양면 대축마을 버스정류소 옆 수퍼.

길과 이야기 6

하동호 ~ 삼화실 ~ 악양 대축

농촌, 잊어버릴 수 없는 고향
관광과 나눔은 공존할 수 있을까

관광으로 지역을 활성화하자는 구호가 전국을 뒤흔들고 있다. 지리산 지역도 예외는 아니어서 이런저런 계획과 '관광 사업들'이 늘상 발표되고 펼쳐진다. 지리산에 관광 광풍이 휘몰아 친 것은 2006년 문화체육관광부에서 '지리산권 광역관광 개발 계획'을 확정한 때부터다. 지리산권 지자체가 '관광사업'을 하기만 하면 금방이라도 지역민들이 부자가 될 것이란 청사진들을 내놓았고, 그에 맞춰 여러 사업들을 펼쳤다. 그러나 실질적으로 지역 주민들이 부자가 됐다거나 생활이 윤택해졌다는 소식은 아직까지 들리지 않는다. 그나마 최근 들어 관광에 지역 나눔과 공존, 착한 소비 등의 생태관광 개념이 도입되고 있어 다행이다.

지리산둘레길이 열리고 남원시 주천부터 산청군 수철마을까지, 총 70km구간을 다녀간 방문객은 2010년에만 47만명이었다. 이곳을 찾은 분들이 쓰고 간 돈은 얼마일까? 이용객들이 늘면서 마을이 벌어들인 수입은 얼마이며, 소득은 제대로 분배되고 있는가? 마을 공동체와 지리산둘레길의 관계는 상호 협력적이며 보완적인가? 주위를, 그리고 뒤를 돌아보고 살피며 새로운 길을 열고 걸어야 하지 않을까.

경남 하동군 적량면 삼화실은 지리산 능선을 끼고 있으나 이렇다 할 관광지가 없는 곳이다. 이곳의 조용한 논과 밭, 그리고 마을 사이로 지리산둘레길이 열렸다. 이를 계기로 주변 7개 마을 공동체가 공동출자해 폐교가 된 삼화초등학교를 이용자 편익시설로 운영한다고 한다. 주민 스스로 계획하고 행정으로부터 지원도 받아 자립적이면서도 생태적인 '마을 만들기'를 하기로 했다는 아름다운 소식이다.

지금 농촌의 현실은 거대 자본을 투여하고, 무한 경쟁을 도입한다고 해도 복원하지 못할 지경에 이르렀다. 그래서 물질적 풍요보다는 잃어버린 농촌의 공동체 문화를 찾아 복원하는 게 살기 좋은 농촌으로 가는 길일지 모른다. 이렇듯 묻히고 잃어버린 길을 찾아 잇고 보듬어 가는 길이 지리산둘레길이다. 둘레길 방문을 계기로 지역 삶도 다시 생각하는 기회가 되길 바라고 이용자들 스스로도 '둘레길 여행'을 통해 삶의 깊이를 더하고 참다운 삶의 모습을 찾는 여행길이기를 진심으로 바란다.

경남 하동에서 전남 구례로 이어지는 섬진강 물길을 따라 자리한 지리산 남녘은 물류의 이동이 강을 중심으로 이어지던 시절에 참으로 풍요로운 곳이었다. 섬진강 나루를 통해 전달된 생필품들은 지리산 주능선을 넘어 지리산 북쪽인 남원, 산청, 함양으로 건너갔다. 하동읍 먹점재를 넘어서면 섬진강이 한 눈에 들어온다. 고려 우왕 때 물밀듯 밀려드는 왜구의 배가 나루에 들어오지 못하게 두꺼비들이 강바닥을 뒤덮어 섬진강(蟾津江)이라 불린다. 모래가 많아 하구에선 '다사강'으로 불리기도 했다. 이렇듯 지역에 따라 다양한 이름을 가졌다. 섬진강이 비로소 강다운 모습을 갖게 되는 곳이 구례와 하동 구간이다. 지리산 계곡의 맑은 물이 더해져 강답게 흐르기 때문이다.

섬진강 옆으로 너른 들이 지리산 자락에 숨어 있다. 하동군 악양면 무딤이들이다. 빌어먹는 사람이 골골을 다니며 한 해 동안 빌어먹고도 빌어먹을 집이 남을 만큼 넉넉하다는 곳이다. 그 들을 품고 살아가는 농사일은 예나 지금이나 참 어렵다. 환경오염으로 먹거리의 소중함이 강조되고 있지만 여전히 농업을 생계수단으로 이어가는 사람들의 처지는 험난하기만 하다. 지리산둘레길의 마을은 농업을 이어가는 농촌, 산촌마을이다. 다른 곳에 비해 대도시와 멀리 떨어져 있고 산악지대라 여전히 전통농업방식이 유지되고 있다. 그만큼 더 고된 농사일을 해야 한다.

걷기여행에서 배려로 등장한 '공정여행'과 '나눔여행'에 동참해 삶을 나누는 일을 지켜나갔으면 좋겠다.

차향이 당기고 매화향이 매혹하는
너뱅이들 건너 오솔길

대중교통을 이용해 하동읍에서 지리산둘레길을 드나드는 길이다. 하동읍에서 차밭 사잇길을 따라 서당마을에 이르는 구간이 좋다. 하동읍의 시원한 너뱅이들과 적량 들판에서 넉넉한 농촌의 삶을 오롯이 느끼며 걷게 된다. 봄이면 산속 오솔길에서는 매화향이 진동한다. 서당마을에서 대축~삼화실 구간과 이어진다. 어느 방향으로 가도 무방하다. 또한, 대축~삼화실에서 대중교통이 편리한 하동읍으로 회귀, 원하는 목적지로 갈 수 있다.

바람재 내려오는 길에서 바라본
적량 들판.

하동읍~서당
(서당~하동읍)

하동읍 → 중동마을(0.1km) → 바람재(2.5km) → 율곡마을(1.6km) → 관동마을(0.5km) → 상우마을(1.4km) → 서당마을(0.6km)

거 리 6.7km
시 간 2~3시간
하동읍 경남 하동군 하동읍 읍내리 중앙로 52-4
         지리산둘레길 하동센터
서 당 경남 하동군 적량면 우계리 675

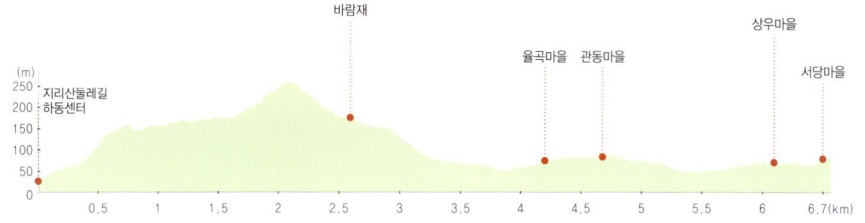

구간 한눈에 보기

❶ 지리산둘레길 하동센터 하동 구간을 걷는 이용객이 대중교통(하동터미널)을 이용해 도보로 5분이면 올 수 있다. 사단법인 숲길 사무실도 이곳에 위치해 있어 지리산둘레길 관련 다양한 정보를 얻을 수 있다. 055-884-0854

❷ 바람재 하동 밤골과 적량 밤골(율곡)을 드나드는 고개로 바람이 잦은 곳이라 바람재라 한다. 지리산둘레길은 적량 밤골로 이어진다.

❸ 율곡마을 바람재를 지나 적량들판을 바라보며 걷는 내리막길로 봄이면 매화가 지천으로 있다.

❻ **서당마을** 들판을 가로지르다보면 쉼터가 있다. 우뚝 선 팽나무 한 그루가 시원한 그늘을 만들어 준다. 이곳을 지나면 서당마을이다. 무인쉼터 갤러리 주막에 들러 목을 축일 수 있다. 마을 민박도 운영한다.

❺ **상우마을** 관동마을을 지나 들길을 걷는다. 비닐하우스가 널려 있다. 취나물, 부추를 재배하는 곳이다. 이곳은 최근에 비닐하우스 단지로 변모했다. 지리산둘레길은 상우마을 앞을 지난다.

❹ **관동마을** 큰길을 따라 걷다보면 서어나무 당산목을 만난다. 마을회관 앞을 지나 논둑길을 따라 들을 지난다. 농촌의 일상이 눈에 들어온다.

구간 자세히 보기

지리산둘레길 하동센터 찾아가기
시외버스 하동터미널에서 하동읍 사무소 방면을 향해 걷다 4번째 블록에서 오른편으로 꺾어 오르막길로 10m 거리의 2층 건물.
고속도로 충청권 이북은 대전통영고속도로 장수IC로 나와 19번 국도를 따라 남원~구례~하동 이용. 전라권은 호남고속도로 석곡IC로 나와 구례(18번 국도)~하동(19번 국도) 이용. 영남권은 남해고속도로 하동IC로 나와 19번 국도 하동읍 방면 이용.

서당 찾아가기
하동터미널에서 신촌 방면 버스를 타고 서당에서 내린다.

유용한 전화번호
하동시외버스터미널
1688-2662
진주시외버스터미널
1688-0841
하동역
055-882-7788
지리산둘레길 하동센터
055-884-0854

콜택시
하동읍콜택시
055-884-5512, 882-1111

A 지리산둘레길 하동센터

하동읍 읍내리 중앙로 52-4에 위치하고 있다. 하동 구간을 걷는 이용객이 대중교통(하동터미널)을 이용해 도보로 30분이면 올 수 있다. (사)숲길 사무실(055-884-0850)도 이곳에 위치해 있어 지리산둘레길에 관련된 다양한 정보를 얻을 수 있다. 또 지리산둘레길 스탬프북도 구입하고 순례증도 발급받을 수 있다.

B 너뱅이들

하동읍 너른 들을 이르는 말이다. 봄에는 보리밭으로 출렁이고, 가을에는 벼가 황금 들녘을 이룬다. 하동읍에서 지리산둘레길을 걷는다면 너뱅이들을 자주 만난다.

C 율곡마을

구재봉에서 남쪽으로 줄기차게 뻗어 내려오는 산줄기는 멈출 줄 모르고 굽이쳐 내려온다. 그 산자락이 감싸고 품은 마을이 율곡이다. 마을을 감싸고 산이 넓게 펼쳐져 있다. 아래에서 올려다보면 보일 듯 말 듯 살포시 보이는 마을의 전경이 아름답다. 율곡은 밤나무가 많아서 지어진 이름이다. 하동은 우리나라에서 두 번째로 밤나무 재배면적이 넓은 곳이다.

D 관동마을

관동마을은 언제 생겼는지 알 수 없으나 '나우래'라는 이름으로 불리었다고 한다. 현재 관리 4개 마을 중 가장 오래된 마을이라 한다. 구한말까지는 하동에서 진주로 이르는 주요 길목이었다.

관동이란 이름은 관리들의 관사가 있었던 곳에서 유래했다. 관동에는 앞뜰, 들뜰꼴, 참새미꼴 등이 들을 이루고 있다. 과거 가뭄으로 인한 흉년이 잦아 농부들이 뜻을 모아 관동소류지를 만들었다.

E 상우마을

지금도 밤밭촌이라 불리는 마을로, 언제부터 '상우'라는 이름이 쓰였는지 알 수 없다. 마을은 풍수지리설에 따르면 노서하전(老鼠下田) 형이다. 마을 뒷산의 늙은 쥐가 밭으

로 내려오는 모양이라 한다. 이곳 역시 밤나무밭이 많아 밤밭촌이란 이름이 붙었다.

F 서당마을

본래 서당마을은 상우마을과 한 마을이었으나 지금은 서당골로 불리운다. 서당골은 '서당이 있던 마을'에서 유래했다. 함덧거리에 오래 전부터 서당이 있었고, 뒷골 큰대밭에도 서당이 있었다고 한다. 1947년경 청빈한 한학자인 의령사람 현산 남정이 이곳에서 후학들을 가르쳤다고 한다. 그러나 지금은 대밭이 되어 그 흔적을 찾을 수가 없다.

G 하동송림

하동읍 섬진강변에 위치했으며 하동의 상징 같은 존재다. 송림은 조선 영조 21년 부사 전천상이 바람과 모래가 날리는 것을 막기 위해 강변에 소나무를 식재하면서

조성됐다. 그 후 260여년의 세월이 흘러 지금은 국내에서 제일 가는 솔숲이 되었다. 2005년 제 445호 천연기념물로 지정되었으며, 1,000여 그루의 노송이 우거져 있다. 송림 앞으로는 은모래 강변이 펼쳐졌으며, 섬진강에서는 재첩잡이가 한창이다. 여름철에는 피서객들이 많이 몰린다.

지역과 함께하는 둘레길 여행

오일장
하동장(2, 7일)
하동 오일장은 해산물과 산나물 등이 풍부해 인근 주민들에게 인기가 많다. 하동장은 박경리의 대하소설 〈토지〉의 배경이기도 하다.

지역생산물
매실, 악양대봉감, 취나물, 하동 녹차, 밤, 배, 참게, 재첩, 블루베리, 부추 등.

매점
악양면 대축마을 버스정류소 옆 슈퍼, 하동읍 내 마트.

섬진강 벗 삼아 평사리 들판의
넉넉함 품고 가는 길

악양천 강둑으로 이어지는 길이다. 길 중간에 만나는 서어나무숲과 섬진강이 아름답다. 악양의 평사리 들판과 마을길에 보이는 매실, 감, 배 등 과실수가 고향에 온 듯 편안하다. 축지교에서 입석마을로 가는 길은 두 갈래다. 평사리 들판을 거쳐 가는 길과 강둑길을 걷는 길로 나눠진다. 형제봉 능선을 지나 숲속길을 걷다가 고개를 들면 저 멀리 섬진강과 백운산자락이 아득하게 펼쳐진다.

고소산성에서 바라본 무딤이들의 동정호와 부부소나무.

대축~원부춘
(원부춘~대축)

❶ 대축마을 → 축지교(0.3km) → 입석마을(2.0km) → 입석삼거리(0.4km) → 아랫재(2.2km) → 원부춘마을(3.5km)

❷ 대축마을 → 축지교(0.3km) → 동정호(1.9km) → 대촌마을(0.8km) → 봉대마을(0.3km) → 입석삼거리(1.0km) → 아랫재(2.3km) → 원부춘마을(3.6km)

거 리 8.5km(동정호 경유 10.2km)
시 간 4~5시간
대 축 경남 하동군 악양면 축지리 945
원부춘 경남 하동군 화개면 부춘리 326-1(부춘길 2321)

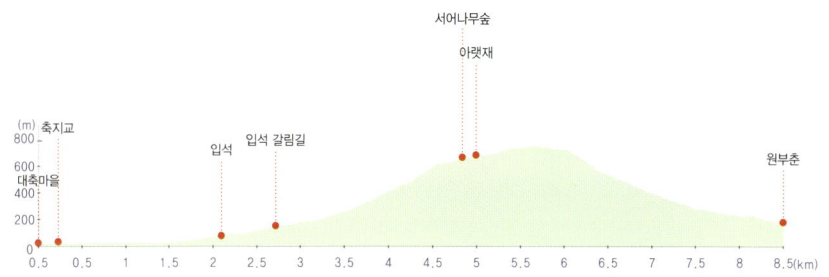

구간 한눈에 보기

❶ **대축마을 정류소** 하동읍, 화개방향을 오가는 버스가 멈추는 곳이다.

❷ **축지교** 축지교에서 입석마을로 가는 길이 두 갈래로 나뉜다. 입석마을까지는 평사리 들판을 거쳐 가는 길과 강둑길을 따라 가는 길이 있다.

❸ **입석마을** 악양천 제방 끝에서 지방도를 건너면 입석마을이다. 마을 초입에 당산제를 지내는 느티나무가 반긴다. 너른 마을마당을 지나면 구판장을 고친 주막집이 있다. 마을 안길을 따라 지리산둘레길이 이어진다.

❹ **마당몰 쉼터** 경작지가 이어져 있는 포장길을 따라 가면 입석저수지가 있다. 이곳에서 매실길을 따라 인적이 드문 민가 몇 채를 지나면 서어나무가 반기는 쉼터가 나온다.

❽ 부춘마을(원부춘마을) 토착민들은 부치동, 불출동이라 부른다. 지리산둘레길은 원부춘 마을 회관 앞을 지나 개울을 왼쪽에 두고 오르게 된다. 하루에 버스가 한 번 들어오며, 인근에 펜션과 민박집이 있다.

❼ 쉼터 웃재에서 한참을 내려와 고로쇠나무 군락지를 지나 도랑을 따라 걷다 보면 너럭바위가 나온다. 쉼터다. 바위 위에 평상을 만들어 놨다.

❻ 웃재 지리산둘레길과 형제봉에 이르는 등산로가 나뉘는 고갯길이다. 이곳은 또 옛날 입석마을 사람들이 원부춘을 오가던 고갯길이다.

❺ 서어나무숲 밤나무숲과 고사리 군락을 가로질러 오르면 산자락에 이른다. 이곳에서 한참을 가다 보면 우람한 서어나무가 숲을 이룬 곳에 닿는다.

구간 자세히 보기

대축 찾아가기
하동터미널에서 악양행 버스를 타고가 대축마을에서 내린다.

A 대축마을

이곳은 변한시대 낙노국에 속했던 곳으로 마을의 역사가 깊다. 조선시대에는 진주목 악양현에 속해 군대가 주둔했으며 향교도 있었다. 숙종 28년 하동군에 편입되었고, 1914년 행정구역 개편 때 축지리가 되었다. 축지리는 대축, 소축으로 구성되어 있다. 대축마을에는 큰 바위를 뚫고 자란 소나무가 있는 곳이 있는데, 이곳을 아미산이라 부른다. 아미산의 이 소나무는 문암송이라 불리며 천연기념물로 지정됐다. 문암송 주변에는 서어나무가 있고, 정자도 있다.

B 평사리

평사리는 변한시대부터 형성된 큰 마을로 주변 마을 형성의 기점이 된 곳이라 할 수 있다. 섬진강에 배가 오가던 시절에는 문물을 교류하는 대외창구 역할을 했다. 특히, 마을 앞으로 펼쳐진 너른 들(무딤이들)이 있어 큰 마을이 형성될 수 있었다. 이 너른 들과 지리산에 안긴 아늑한 마을이 있어 대하소설 〈토지〉의 무대가 될 수 있었다.

C 평사리들판(무덤이들)

지리산과 백운산이 만든 협곡을 헤쳐 흐르던 섬진강이 부려놓은 너른 들판이다. 이 너른 들이 사람을 부르고, 그 곳에 모인 사람들은 촌락을 이루고 문화를 만들어냈다. 섬진강 500리 물길에서 가장 너른 들 가운데 하나로 83만평에 달한다. 이 들이 있어 악양에 큰 마을이 형성될 수 있었다.

D 동정호

무덤이들 왼편 초입에 있는 작은 호수다. 면적은 약 15ha, 평균수심은 1m 정도이다. 자연적으로 만들어진 늪지대로 청둥오리와 같은 야생조류와 물고기, 식물이 공존해 자연 생태계상 보존가치가 충분하다. 또한 악양의 아름다운 경치를 뜻하는 소상팔경을 상징하는 곳이기도 하다. 동정호 지근거리에 서 있는 소나무 두 그루와 함께 사진작가들이 즐겨 찾는다.

동정호에는 한솥밥으로 천명이 먹을 수 있는 큰솥이 있어 물이 고인다는 전설이 전해오고 있다. 전설에 따르면 바깥드물(외둔)에 많은 병사가 주둔해 있었는데, 어느 날 밥을 짓다가 갑자기 적의 기습을 당하자 미처 식사도 못하고 다급하게 도망을 쳤다. 이 때 밥을 쏟아 버리고 솥은 동정호에 버리고 도망갔는데, 그때 쏟아 놓은 밥이 내둔산과 외둔산이 되었으며 먼 훗날 힘센

유용한 전화번호
하동시외버스터미널
1688-2662
진주시외버스터미널
1688-0841
화개터미널
055-883-2793
지리산둘레길 하동센터
055-884-0854

콜택시
하동읍콜택시
055-884-5512, 882-1111
악양콜택시
055-883-3009
화개콜택시
055-883-2240

지역과 함께하는 둘레길 여행

오일장

하동장(2, 7일)
하동 오일장은 해산물과 산나물 등이 풍부해 인근 주민들에게 인기가 많다. 하동장은 소설(토지)의 배경이기도 하다.

화개장(3, 8일)
전라도와 경상도의 경계에 자리했다. 섬진강의 뱃길을 이용한 해산물, 지리산의 산채가 내려와 만나는 곳으로 예전부터 큰 장이 섰다. 지금은 상설장으로 조성되어 언제든지 장 구경을 할 수 있다. 그래도 장날(3, 8일)에 더 많은 장꾼들이 모여든다.

지역생산물
매실, 대봉감, 취나물, 녹차, 밤, 배, 참게, 재첩.

매점, 구판장
입석마을 형제봉주막(음료와 간단한 간식 판매)

E 평사리 최참판댁

드라마 〈토지〉의 세트장이 조성된 곳으로 소설이 현실이 된 곳이다. 드라마가 방영된 이후 많은 관광객이 찾고 있다. 세트장에는 드라마를 찍을 때 조성한 최참판댁을 비롯한 초가집

들이 그대로 보존되어 있다. 최참판댁 사랑채의 대청마루에 올라앉으면 평사리의 넓은 들판이 한눈에 들어온다.

F 입석마을

이곳은 선돌(立石)이 있어 마을 이름으로 굳어진 곳이다. 선돌은 거석기념물의 하나로, 가공하지 않은 길고 큰 돌을 수직으로 세워 놓았다. 마을은 신석기시대에 형성되었으며, 하동

군에서 가장 오래된 마을 가운데 하나이다. 입석마을은 조선 숙종 28년 하동군에 편입되었으며 1914년 행정구역 개편 때 화개면에 속했다가 지금은 악양면 입석리에 편입되었다.

G 악양 대봉감

악양면은 지리산자락이 삼면을 감싼 분지지형으로 바람의 피해가 적고, 겨울이 따뜻하다. 이런 자연조건으로 인해 품질이 우수한 대봉감이 많이 생산된다. 대봉감은 밥사발처럼 둥글면서 끝이 뾰족한 모양을 하고 있으며 감 가운데 최고로 친다. 악양면은 매년 10월 말에서 11월 초 대봉감 출시에 맞춰 평사리공원에서 대봉감축제를 연다. 축제 때는 감 따기와 곶감 만들기 등 다양한 체험을 할 수 있다.

지리산 치마폭에 안겨
발그레 붉어지는 길

지리산 고산지역의 길들을 걷는 구간으로 화개골 차밭의 정취가 느껴진다. 곳곳에서 차를 재배하는 농부들의 바지런한 손길이 만들어낸 아름다운 풍경과 마주한다. 정금차밭에 들어서면 하동의 십리벚꽃길을 바라보며 걸을 수 있다. 임도, 숲속길, 마을길이 고루 섞여 있다. 가탄에서 출발한다면 계속 가파른 오르막길을 올라야 한다. 형제봉 임도 삼거리와 헬기장에서는 지리산 주능선이 굽이굽이 치마폭처럼 펼쳐진다.

화개에서 쌍계사 가는 길에
펼쳐진 십리 벚꽃길

원부춘~가탄
(가탄~원부춘)

원부춘마을 → 중촌마을(6.8km) → 도심마을(1.2km) → 대비마을(1.4km) → 백혜마을(1.1km) → 가탄마을 (0.9km)

거 리 11.4km
시 간 6시간
원부춘 경남 하동군 화개면 부춘리 326-1(부춘길 2321)
가 탄 경남 하동군 화개면 탑리 321-2(쌍계로 188)

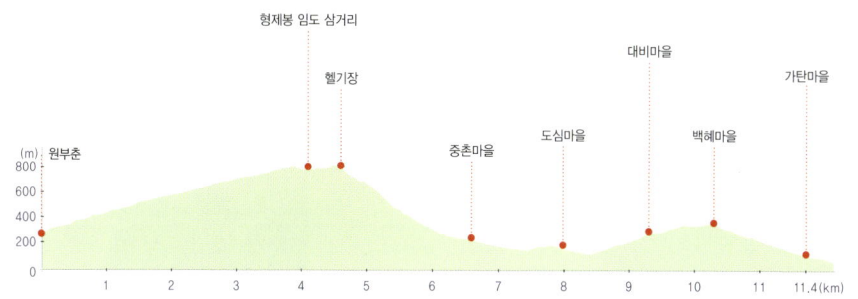

구간 한눈에 보기

❶ 부춘마을회관 부춘마을회관 앞에는 큰 개울이 있다. 형제봉 깊은 골에서 흘러 내린 물이라 여간해서 마르지 않는다. 지리산둘레길은 계곡 왼편으로 임도 따라 오르막이 이어진다.

❷ 형제봉 임도 삼거리 임도를 따라 한참 동안 오르면 물소리와 새소리가 들린다. 문득 오르막이 끝났다고 느껴지면 형제봉 임도 삼거리에 닿은 것이다. 오른편은 형제봉으로 가는 임도, 왼편은 중촌으로 가는 임도다.

❸ 지리산둘레길 형제봉 쉼터 주변이 탁 트인 곳이다. 지리산둘레길에서 지리산 주능선을 볼 수 있는 몇 안 되는 곳 중의 한 곳이다.

❹ 장군목 헬기장 형제봉 임도 삼거리에서 중촌마을로 내려가는 길목에 있다.

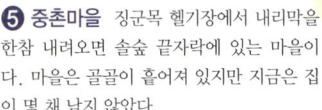

❺ 중촌마을 장군목 헬기장에서 내리막을 한참 내려오면 솔숲 끝자락에 있는 마을이다. 마을은 골골이 흩어져 있지만 지금은 집이 몇 채 남지 않았다.

❿ **가탄마을** 백혜마을에서 포장도로를 따라 내려오면 마을과 정자가 반긴다. 가탄마을이다. 마을민박과 슈퍼도 있다.

❾ **백혜마을** 대비마을에서 차밭을 따라 걷다보면 백혜마을이다.

❽ **대비삼거리(정금마을)** 차밭이 끝나는 지점에 삼거리가 있다. 정금마을과 대비마을로 가는 갈림길이다. 여기서부터 다시 오르막을 따라 오르면 대비암이 나온다.

❼ **정금차밭** 도심 삼거리에서 계곡을 따라 내려가면 농로가 이어지는 곳곳이 차밭이다. 봄철에는 차순을 따는 모습을 보며 걷는 맛이 좋다.

❻ **도심 삼거리** 중촌마을에서 내려오면 쌍계사와 정금·대비로 길이 나뉘는 삼거리다. 지리산국립공원 탐방로와 지리산둘레길이 갈라지는 곳으로 이정표(벽수)가 설치되어 있다. 둘레길은 정금차밭 방면으로 향한다.

구간 자세히 보기

원부춘 찾아가기
하동터미널에서는 원부춘을 경유해 화개로 가는 버스가 운행된다. 소요시간은 40여분.

가탄 찾아가기
구례터미널에서 출발하는 화개·쌍계사 노선 중 신흥이 종점인 버스를 타면 가탄을 경유한다.

ⓐ 부춘마을

부춘마을은 부치동, 불출동으로 불리는데, 지명 유래는 세 가지로 알려졌다. 첫째, 마을이 형제봉 아래 산허리에 매달리듯 붙어 있다하여 부치동이라 한다. 둘째, 고려시대 원강사라는 큰절이 있어 부처골이라 했는데, 이것이 변하여 부춘이 되었다. 셋째는 고려시대 한유한 선생이 이 마을에 숨어 살면서 생긴 지명이라 한다. 선생은 이 마을에 칩거해 바위에 손수 불출동이라 새겨 놓고 평생 세상에 나오지 않았다고 한다.

ⓑ 형제봉

형제봉(1,115m)은 지리산 남부능선의 끝자락이 섬진강에 잠기기 전 우뚝 솟은 봉우리다. 봄이면 철쭉이 연분홍실로 수놓은 꽃자수처럼 산자락을 뒤덮어 그림같은 비경을 빚어낸다. 정상에 서면 대하소설 〈토지〉의 배경이 된 악양면 평사리 들녘과 푸르게 흐르는 섬진강이 어울린 아름다운 풍경이 내려다보인다. 매년 철쭉이 만개하는 시기에 형제봉 철쭉제가 열리며, 고소산성과 통천문, 신선대 등 볼거리도 많다.

ⓒ 쌍계사

쌍계사는 화엄사 실상사 연곡사 등과 함께 지리산을 대표하는 사찰이다. 신라 성덕왕 21년 삼법스님이 유학을 마치고 돌아올 때 중국 불교 선종 제 6대조인 혜능의 머리를 모시고와 이곳에 안치하였다고 한다. 문성왕 2년(840)에 진감선사 혜소에 의해 옥천

사라 하였다가 정강왕 2년에
쌍계사로 개명되었다. 쌍계사
는 국보 제47호 진감선사 대공
탑비와 보물 6점, 20점의 문
화재를 보유하고 있다. 둘레길
과 이웃하고 있어 한번쯤 둘러
보면 좋다.

유용한 전화번호
하동시외버스터미널
1688-2662
화개터미널
055-883-2793
구례버스터미널
061-780-2730~1
지리산둘레길 하동센터
055-884-0854

콜택시
화개콜택시
055-883-2240

D 화개장

예로부터 섬진강 물길을 따라
모여든 경상도·전라도 사람
들이 한데 어우러져 독특한 화
개말을 사용하며, 내륙의 산물
과 남해의 해산물을 서로 교류
했다. 한국전쟁 이후 빨치산
토벌로 산간마을들이 황폐해지면서 장이 쇠퇴하기 시작했고, 더
욱이 산림 남획으로 지리산에서 흘러내린 토사가 섬진강 바닥을
메워 뱃길이 끊기면서 화개장의 명성은 점차 빛을 잃어갔다. 지
금은 오일장이 아니라 상설시장처럼 꾸며놓고 관광객의 발길을
붙잡는다.

E 화개십리벚꽃

꽃샘추위가 끝나고 4월로 접어들 때쯤이면 화개에는 벚꽃이 십
리에 걸쳐 화사하게 피어나 봄을 재촉한다. 이 꽃길은 쌍계사를
찾는 대표적인 길이다. 김동리 소설 〈역마〉의 배경이다.

🅕 차나무 시배지

쌍계사 앞 장죽전에 있다. 경남지정기념물 제61호로 지정되어 있다. 〈삼국사기〉 흥덕왕조를 보면 '흥덕왕 3년(828) 당나라에 사신으로 갔다 돌아온 대렴이 차 종자를 가지고 오자 왕이 지리산에 심게 하였다'는 기록이 있다. 이 차 종자를 지리산에 처음 심은 곳인 화개면 운수리 쌍계사 주변이며, 이곳을 우리나라 최초의 차 시배지로 지정했다. 화개와 악양 일원에는 차밭이 많다.

🅖 정금리

현재의 정금마을에 대비, 도심, 중촌, 회강을 합하여 정금리라 하였다. 정금의 원래 이름은 가야금을 탄다는 '탄금'이다. 정금은 '옥녀탄금형', 즉 옥녀가 가야금을 타는 지형으로 되어 있다 한다. 마을 뒷산이 옥녀로 옥녀봉이다. 마을 앞의 들판, 특히 다리의 북쪽 들판에 드문 드문 있는 큰 바위들은 거문과 위의 기러기 발(안족)이고, 화개천과 수평으로 나있는 논두렁들은 가야금의 12줄이니, 앞들 전체가 가야금인 셈이다. '가야금을 연주'하는 탄금(彈琴)이 '머물며 연주'하는 정금(停琴)으로, 다시 '가야금을 우물 속으로 쳐 박음'의 정금(井琴)으로 바뀌었는데, 이것이 일제에 의해 왜곡된 것인지 아니면 계획적인 개명인지는 분명하지 않다. 정금의 옛 이름을 바로 잡아야 한다는 이야기가 설득력이 있다.

ⓗ 대비마을

삼신리의 침점과 함께 가락의 김수로왕과 관련이 있는 지명이다. 102년 수로왕과 왕비 허황옥이 이곳에 머물며 일곱 왕자의 성불을 기려 절을 지었다. 그 절 이름이 천비사 혹은

대비사라 불렸는데, 대비란 마을 이름도 여기서 비롯됐다. 허황후가 배를 타고 도착한 나루를 대포포로 부른다. 이곳에는 지금도 토기와편과 석축 등의 흔적이 남아 있다. 주민들은 대비마을을 대밤이라 부르기도 한다.

ⓘ 백혜마을

<진양지>에 기록된 화개의 10개 마을 중 하나이다. 가탄마을의 뒤편 산등성이에 위치하고 있고, 아주 옛날에 마을이 형성되었다. 주민들은 배혜, 뱃골 등으로 부른다.

ⓙ 가탄마을

화개면 소재지인 원탑의 동북쪽에 있다. 이름은 선경과 같은 여울이라는 뜻의 가여울(가탄)이었다. 지금도 주민들은 가여울, 개롤이라 부른다. 신선이 살면서 아름다운 여울에 낚싯대

를 담궜다 하여 가탄이 되었다 한다. 여기의 신선은 조선 초 성리학자 정여창 선생을 가리키며, 선생이 낚시를 한 곳이 명당이라 한다.

지역과 함께하는 둘레길 여행

오일장
화개장터(3, 8일)
영남과 호남을 잇던 곳으로 삼한시대부터 장터구실을 해다. 요새로 단장되어 화개관이라 불리기도 했다. 화개장은 1762년에 번성기를 맞아 전국적으로 손꼽히는 시장이 되었으나 육로가 발달되면서 쇠퇴했다. 영호남이 만난다는 상징과 함께 김동리 소설 <역마>의 배경이며, 조영남의 노래 '화개장터'로 널리 알려졌다. 지금의 장터는 1997년 관광지로 조성한 곳이다.

지역생산물
녹차, 고로쇠, 은어, 참게, 산나물.

마을구판장
가탄마을 입구 길가슈퍼
(055-883-6068)

매점
화개 면소재지.

농협, 우체국
화개 면소재지.

길과 이야기 7

대축 ~ 부춘 ~ 가탄 ~ 송정 ~ 오미

역사와 문화, 풍요와 빈곤의 공존
섬진강과 걷는 고산 트레일

　섬진강과 나란히 달리는 산 능선은 가파르다. 지리산과 백운산이 섬진강을 가운데 두고 마주보고 있는데, 가파른 산세는 두 산이 떨어져 있으면서 겹쳐 보이게 해 그 깊이가 범상치 않다. 섬진강 건너편에 마주 보고 있는 백운산도 마루금을 따라 가면 백두대간이란 튼실한 산줄기를 타고 지리산과 한 몸이 될 것이다.
　지리산둘레길을 걷다가 만나는 경남 하동 악양의 너른 들이 소설 <토지>의 배경이 되었다면 전남 구례의 너른 들은 운조루의 넉넉한 인심이 있게 했다. 섬진강과 지리산의 만남은 이토록 풍요롭다. 그 풍요로움이 왜구의 침입을 불렀고, 의병 활동으로 이어지게 만들었다.
　섬진강은 왜구가 한반도에 이르는 통로 가운데 하나였다. 섬진강의 유래도 왜구의 침입에서 기인했다. 고려 우왕 때 왜구들이 섬진강을 따라 침입해 오자 두꺼비가 지금의 섬진나루를 뒤덮어 왜구의 배가 정박할 수 없도록 했다고 한다. 그 때부터 이 강을 두꺼비 섬(蟾) 자를 써 섬진강으로 불렀다고 한다. 구례의 '석주관 칠의사묘'도 정유재란 때 왜구의 침입을 막다 돌아가신 의인들을 기리는 곳이다.
　이 구간의 길을 걷다보면 가파른 경사도로 인해 적당히 힘겹다. 강을 끼고 있는 산 지하천의 전형인 섬진강으로 인해 해발고도가 낮은 곳부터 경사가 시작되기 때문이다. 만나는 마을도 고도가 높은 곳에 있다. 특히 이곳은 지형적 영향으로 고산지역에서 고단한 삶을 살아야했던 옛사람들의 흔적이 많이 남아 있다. 화개와 구례 경계에 있는 '어안동'도 그 중 한 곳이다.
　어안동은 섬진강이 내려다보이는 산 높은 곳에 자리한 마을이었다. 사람들은 이곳에 축대를 쌓아 논을 장만하고 밭에다 곡식을 심고 가꾸며 식솔을 이끌었다. 그러나 고지대에 위치한 탓에 한국전쟁 와중에는 통비분자로 몰리기도 했을 것이고, 급기야 마을은 해체되었다. 그 후 아랫마을 사람들이 1980년대까지 이곳에서 농사를 짓다가 지금은 묵정밭만 남았다. 어안동은 옹색한 산골마을의 지난한 아픔을 말없이 보여주는 곳이다.

남도 대가의 전형을 보여주는 운조루의 고대광실이나 소설 〈토지〉의 배경인 최참판 댁의 넉넉한 삶과는 달리 하루하루 이웃과 품앗이로 살아갔을 이 곳 산촌마을들은 지금 특용작물이라 할 수 있는 차와 밤을 재배하고, 철 따라 찾아오는 관광객을 맞이하는 펜션이나 '체험형 농촌마을'로 변했다. 체험마을이 들어서서 얼마나 많은 이가 혜택을 보고 있는지는 별도로 셈해봐야겠지만, 대부분의 농촌마을처럼 이곳 살림살이도 여전히 나라의 행정지원이 필수가 되어 버렸다. 행정 지원은 필수지만 이것을 잘 운영하고 유지하는 것은 지역의 몫일 것이다.

섬진강을 왼편에 두고 이어지는 이곳 지리산둘레길은 하동군 악양과 화개의 경계가 되는 형제봉 능선과 경남 하동과 전남 구례의 경계지역인 황장산을 넘어간다. 섬진강 풍경도 좋지만 하동 형제봉 활공장 삼거리 능선이나 구례 목아재 고개에서 보이는 지리산 주릉은 지리산의 넉넉함을 실감케 한다.

경남 하동 화개골의 마을들은 김수로왕과 허황후의 내력들을 전해주며 이 땅에서 불국토를 바라던 마음이 마을 이름에도 전해진다. 도심촌, 대비, 백혜 마을 일원은 골골이 암자들이었다 한다. 화개골의 쌍계사는 지금도 우리나라 조계종의 대표적인 사찰 가운데 하나이다. 구례 피아골 연곡사도 오래된 사찰 가운데 하나이고 아름다운 불교유물들이 남아있다.

구례 피아골과 하동 화개골은 지리산 주능선으로 잇대어져 있다. 지금은 등산객들이 드나드는 곳이지만 옛날에는 화개재를 넘어 지리산 북쪽 함양, 산청으로 소금장수가 드나들던 생활길이었다. 피아골에서 임걸령을 넘거나, 화개골에서 벽소령을 넘어 지리산 주능선을 통해 지리산 북쪽의 함양, 산청, 남원으로 넘어 다녔다. 지금이야 육로를 이용한 교통이 발달되어 사람들이 골과 골로 쉽게 들고나지만 소금가마니며 생활필수품을 이고지고 걷고 걸어서 다녔던 장사치들이 산촌마을에서는 얼마나 반가웠을까. 그들은 산촌마을에서 없어서는 안 될 생명줄과 같은 존재였을 것이다.

사람들이 살다간 흔적이 시간이 흐르면 문화유적이 되고 이야기가 되고 신화가 되는 것일까. 하동과 구례 구간의 지리산둘레길은 문화유적도 많고 사람들이 살아가는 재미도 많은 곳이다. 구례와 하동은 최근 도시생활을 접고 내려온 귀농인들이 많은 지역 가운데 하나이다. 최근에는 도시생활을 접고 지리산과 섬진강에 기대어 살아가는 사람들이 만드는 에피소드가 책으로도 나오고 사람들이 소개되기도 했다.

뭇 사람들은 방송이나 책에 소개되는 내용을 보고 환상을 쫓기도 하고 자신과 동일시 하거나 대리만족을 한다. 그러나 정작 이곳에 삶을 뿌리내리고자 하는 이들은 너나 할 것 없이 시골살이의 팍팍함을 겪고 있으며, 그런 고단함을 지리산과 섬진강의 여유로움에서 위로받는다. 고적한 산길과 마을이 잇대어 이어지고, 섬진강과 지리산이 넉넉함을 주는 이곳에서 이곳을 오가는 이들의 발걸음도 위로와 축복을 받으시리라.

작은재 넘어 구례와 하동 드나들던
그 옛날 숲길

하동에서 구례를 넘나들었던 작은재가 이어진 길이다. 대부분 숲속길이라 기분 좋게 걸음을 옮긴다. 이 길 역시 섬진강과 나란히 뻗어 있어 시야가 트이는 곳이면 어김없이 섬진강이 반갑게 인사를 건넨다. 제법 경사가 있는 길이지만 숲과 강이 있어 상쾌하다. 깊은 산골이지만 걷다가 자주 묵정논을 만나게 된다. 이 깊고 높은 산골까지 들어와 농사를 지어야 했던 옛사람들의 삶의 무게를 느낄 수 있다.

작은재에서 바라본 운해 드리운 섬진강.

가탄~송정
(송정~가탄)

가탄마을 → 법하마을(0.7km) → 작은재(어안동)(1.2km) → 기촌마을(1.9km) → 목아재(3.4km) → 송정마을 (3.4km)

거 리 10.6km
시 간 6시간
가 탄 경남 하동군 화개면 탑리 321-2(쌍계로 188)
송 정 전남 구례군 토지면 토지송정길 80

지리산국립공원
송정 · 가탄

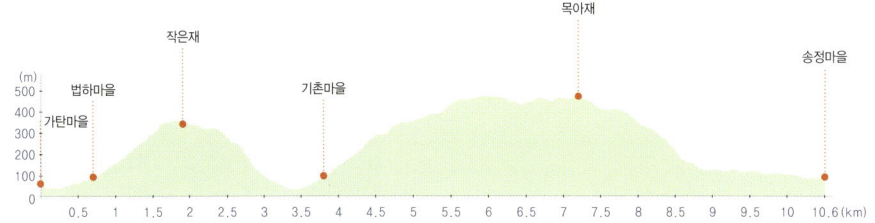

구간 한눈에 보기

❶ 법하마을 가탄교를 지나 십리벚꽃 터널을 가로질러 가면 만나는 마을이다. 화개초등학교와 중학교가 자리잡고 있다. 둘레길은 법하마을을 따라 이어진다.

목아재 ❻ F

송정마을 ❼ G

❷ 작은재 법하마을 안길을 따라 능선에 접어들면 솔숲길을 걷는다. 고갯마루에 소나무 한 그루가 반긴다.

❸ 어안동 작은재를 지나 능선을 따라 걷다보면 경작지였음을 알 수 있는 축대 쌓인 곳이 나온다. 지금은 잡목과 잡풀이 뒤섞여 있다.

❼ **송정마을** 목아재에서 무덤을 끼고 숲속길로 접어들어 한참을 가면 내리막길이다. 내리막길 끝에 밤밭이 펼쳐지고, 그 끝에 황토집이 있다. 송정마을이다. 송정마을에서 도로 따라 섬진강으로 800m쯤 내려가면 19번 국도를 만난다.

황장산 C

❻ **목아재** 추동마을 왼편을 따라 길게 이어진 숲길을 따라 오르면 능선길이다. 이 능선을 따라 걷다보면 큰 임도를 만나는데, 이곳이 목아재다.

❺ **추동마을** 기촌마을에서 피아골로 들어가는 도로를 지나 추동교를 건너가면 오르막이 이어진다. 민가 몇채가 있는 곳이 추동마을이다.

어안동
B ❸
❷
작은재
법하마을
❶ A

❹ **기촌마을** 어안동에서 내리막을 따라가면 밤밭이 나오고, 그 끝자락에 기촌마을이 있다. 여기서 오른쪽으로 지리산 품으로 파고들면 단풍으로 유명한 피아골과 고찰 연곡사로 간다.

구간 자세히 보기

가탄 찾아가기
구례터미널에서 출발하는 화개·쌍계사 노선 중 신흥이 종점인 버스를 타면 가탄을 경유한다.

송정 찾아가기
구례터미널에서 연곡사·피아골 방면 버스를 이용해 송정마을 앞에서 내리면 된다. 19번 국도에서 하차해 도로를 건너 약간의 오르막길로 1km 정도 올라가면 지리산둘레길의 이정표(벅수)를 만날 수 있다.
토지·간전 노선의 버스 중 내한이 종점인 버스를 이용하면 지리산둘레길 이정표(벅수)와 가까운 지점에서 내릴 수 있다.

🅐 법하마을

〈진양지〉에 기록된 화개의 10개 마을 중 하나인 법가촌이다. 〈진양지〉의 기록을 보면 탑리 남쪽(덕은, 부춘리)에는 마을이 없었다. 이는 섬진강과 화개천의 수해로부터 안전한 법하부터 마을이 형성된 것을 보여진다. 법하는 화개골 전체가 수많은 사찰이 있는 불국토로 부처님의 법 아래에 있는 마을, 즉 사하촌이란 뜻에서 '법하촌'이 되었다. 1928년 화개공립보통학교(현 화개초등학교)가 법하마을에 설립되고, 그 후 화개중학교까지 들어섰다. 법하는 화개교육의 요람이 되었다.

🅑 어안동

법하마을 뒤편(서북쪽) 산등성이에 있는 마을 터다. 산 중턱에 자리해 조망이 좋다. 옛날 섬진강에 치수사업을 벌여 제방을 쌓기 전 겨울에 이 마을에서 남쪽을 보면 항상 기러기를 볼 수 있었다고 한다. 그래서 마을 이름을 기러기가 산다는 뜻의 어안동(於雁洞)이라 했다. 실제로 이 마을에서 보면 섬진강 하류와 남해바다가 바로 보인다. 주민들은 늘안목, 늘안멕이로 국한문을 혼용하여 부른다. 1980년대까지 이곳에서 농사를 지었다.

🅒 황장산

황장산은 지리산 주능선 삼도봉과 불무장등을 거쳐 내려온 산줄기다. 이 능선을 따라 경남과 전남의 경계가 된다. 하동군 화개면 범왕리 목통마을이 산행 들머리다. 황장산 가는 길에는 하동야생차밭을 가까이에서

볼 수 있어 산행의 즐거움을 더 해준다. 산에는 참나무와 고로쇠나무, 산죽이 뒤덮여 있고, 가을철 단풍이 아름답다. 황장산의 높이는 942m. 1,500m 이상 봉우리가 즐비한 지리산에서는 그다지

높지 않은 산이지만 지리산 주능선의 토끼봉이나 칠선봉에서 황장산을 바라보면 첫 눈에도 예사롭지 않은 산임을 알 수 있다.

D 기촌마을

섬진강에서 피아골로 드는 길목의 마을이다. 마을 뒤로는 황장산에서 흘러내린 산자락이 배경이 되어준다. 마을의 동쪽은 경남 화개와 접해 있고, 남쪽은 섬진강 건너 간전면을 바라보고 있다. 서쪽은 피아골에서 흘러내린 물이 모여든 외곡천이 북에서 남으로 흐르며, 추동마을이 빤히 올려다 보인다. 이 마을은 약 40년 전까지 문종이를 만들었다. 지금은 한봉과 밤이 주소득원이다.

E 추동마을

기촌마을이 내려다보이는 산등성이에 있다. 지금은 4가구가 거주하며 기촌마을에 속해 있다. 마을의 형국이 베틀의 가락처럼 뻗어 있다고 한다.

F 목아재

외곡리 하리에서 내서리 원기, 신촌을 넘는 큰 재다. 과거에는 구례에서 화개면 범왕리로 통하는 큰길이었다.

G 송정리

1914년 행정구역 통폐합에 따라 토지면 내계, 외계 마을을 병합하여 송정리라 개칭했다. 이 마을은 소나무 정자가 있어서 소정, 송정, 솔정이라 불렀다고 하나 '소정지', '송쟁이' 등의 지명은 흔하다. 이 지명은 대체로 마을에서 떨어져 있는 곳으로 손님을 마중하고 전송할 때, 또는 일꾼이나 길손이 쉬어 가는 곳에 붙던 이름이다. 송정리에 임진왜란 당시 섬진강을 따라 올라오던 왜적고 맞서 싸우다 순국한 의인을 기리는 석주관 칠의사당이 있다.

유용한 전화번호
하동시외버스터미널
1688-2662
화개터미널 055-883-2793
구례버스터미널
061-780-2730~1
구례구역 061-782-7788
구례군청 문화관광과
061-782-2014
지리산둘레길 하동센터
055-884-0854
지리산둘레길 구례센터
061-781-0850

콜택시
화개콜택시 055-883-2240

지역과 함께하는 둘레길 여행

오일장
구례장(3, 8일)
둘레길에서 가까운 구례읍내 초입에 위치했다. 보기 드물게 한옥 장옥을 갖췄다. 최근에 헌 한옥 장옥을 새것으로 교체해 말끔해졌다. 예부터 영호남의 물물이 한 곳에 모이기로 유명했다. 고추전, 미곡전, 이불전, 옹기전, 대장간, 채소전 등 없는 것이 없다. 섬진강 참게 등 해산물전도 풍성하다. 좌판에서 먹는 부침개가 허기를 채워준다.

지역생산물
고로쇠, 우리밀, 오리, 배, 밤, 녹차.

우리나라 3대 길지 가운데 하나인 운조루

우리나라 3대 길지 마주하고
상생을 생각하는 생채기 난 숲길

구례군 토지면 전경과 섬진강을 보면서 걷는 길이다. 농로, 임도, 숲길의 다채로운 길들로 이어져 있다. 숲의 모습 또한 다채롭다. 인공조림과 산불로 인해 깊게 데이고 다친 지리산의 상처를 만난다. 아름다운 길에서 만나는 상처는 더욱 아프다. 남한의 3대 길지 중 한 곳으로 알려진 운조루를 향해 가는 길은 아늑하고 정겹다. 섬진강 너머 오미리를 향해 엎드려 절하는 오봉산이 만드는 풍광도 발걸음을 가볍게 한다.

송정~오미
(오미~송정)

송정마을 → 의승재(1.1km) → 석주관갈림길(0.7km) → 솔까끔마을(6.0km) → 오미마을(2.6km)

거 리 10.4km
시 간 5시간
송 정 전남 구례군 토지면 토지송정길 80
오 미 전남 구례군 토지면 운조루길 56

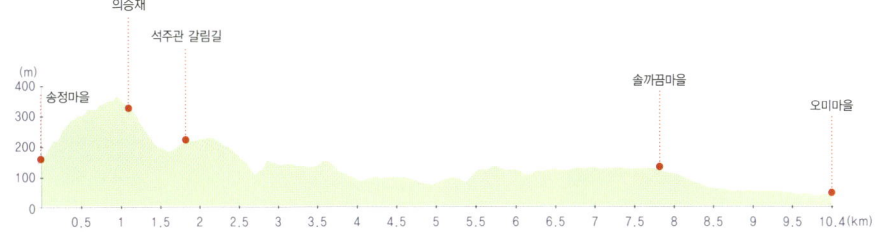

구간 한눈에 보기

❶ 송정마을 산허리를 돌아 밤밭을 지나면 지방도와 연이어 있는 송정마을에 이른다. 송정마을을 지나는 길에서 만나는 도로는 19번 국도와 연결되어 있다.

❷ 송정계곡 숲길을 걷다가 첫 번째 계곡 물소리가 들리면 송정계곡이다. 골이 제법 깊은 곳이다. 지리산둘레길은 계곡을 따라 걷다 숲 속으로 든다.

❸ 원송계곡 산허리를 따라 섬진강이 보이고 그 지점을 지나 맞은편 조림지를 만나는 곳에 사방공사를 한 곳이 원송계곡이다. 수량은 많지 않다. 만약 비상상황이 발생해 부득이 걷기를 포기해야 한다면 이곳에서 19번 국도로 내려서는 것이 좋다.

❹ 구례노인요양원 숲길이 끝나고 들평들 사이로 난 포장된 농로를 따라가면 구례노인요양원이 나온다. 둘레길은 요양원을 옆에 끼고 돌아가 임도로 연결된다.

섬진강어류생태관

❾ **오미마을** 내죽마을에서 하죽마을 버스정류장을 지나면 운조루가 나온다. 운조루는 우리나라 3대 길지 가운데 한 곳으로 불린다.

❽ **내죽마을** 문수제 아래에 자리한 마을이다. 내죽마을을 지나면 오미마을이다. 이곳은 버스도 들어온다.

Ⓒ 시루봉

❼ **문수제** 솔까끔마을을 지나면 저수지가 보인다. 둘레길은 저수지를 앞에 두고 거의 360도 되돌아서 내죽마을로 내려간다.

Ⓑ 봉애산

송정계곡 ❷

Ⓐ ❶ 송정마을

석주곡수 Ⓓ
Ⓖ 구례석주관성

원송계곡 ❸
Ⓕ 석주관 칠의사묘

❻ **솔까끔마을** 임도 따라 걷는 길 비탈에 인위적으로 조성된 마을이다. 둘레길은 이 마을 앞으로 지난다.

❺ **체육공원** 구례노인요양원을 지나 임도 오르막을 한참 올라야 한다. 임도를 따라 가며 구례읍과 토지면 일대가 조망되는 곳에 쉼터가 마련되어 있다. 운동기구와 화장실도 있다.

구간 자세히 보기

송정 찾아가기

구례버스터미널에서 연곡사·피아골 노선 버스를 이용, 송정마을 앞에서 내린다. 19번 국도에서 하차하므로 주의해서 길을 건너야 하며, 약간의 오르막길을 따라 1km 정도 올라가면 지리산둘레길 이정표(벅수)를 만날 수 있다.

토지·간전 노선의 버스 중 내한이 종점인 버스를 이용하면 지리산둘레길 이정표(벅수)와 가까운 지점에서 내릴 수 있다.

오미 찾아가기

구례버스터미널에서 하사·오미 노선을 순환하는 버스를 타 오미마을에서 내린다. 종점이 문수인 버스는 오미마을을 지나 5분 정도 더 들어갔다 나온다.

ⓐ 송정마을

송정마을은 안한수내, 한수내, 신촌 등 몇 개의 마을로 됐다. '한수'라는 이름은 지리산에서 흘러내리는 차가운 물을 뜻하는 것이라고 하나 확실히는 알 수 없다. 신촌은 여순사건 때 소실되었다가 정착사업으로 새로 터를 잡아 동네가 형성됐다. 원송은 소정이라 부르기도 하며, 1914년 행정구역 조정 때 송정리로 편입됐다. 현재는 내한마을까지 2차선 포장도로가 뚫려 있다. 섬진강변에 위치한 원송마을과 한수천 마을은 안개가 많은 편이다. 송정마을은 밤나무, 한봉, 매실, 고로쇠약수가 주소득원이다.

ⓑ 봉애산

토지면 내서리와 송정리에 걸쳐 있는 산이다. 봉의산 또는 봉화산이라 부르기도 한다. 높이가 613m이며 옛날에는 봉화를 올렸다. 북동쪽에 원터와 신촌마을, 남서쪽에 안한수내 마을을 품고 있다. 지리산둘레길은 봉애산을 가로질러 걷는다.

ⓒ 시루봉

왕시루봉이라 부르기도 한다. 토지면 내서리와 문수리 사이에 있는 높은 산이다. 높이가 1,212m로 정상에 '시리바우'(시루바위)가 있다. 정상 남쪽에 미국인 별장이 있다. 이곳은 일제 때 설치된 노고단의 외국인 피서지가 여순사건으로 폐허가 되자 이곳에 이설해 조성했다. 지금도 통나무집과 수영장 터 등이 남아 있다.

ⓓ 석주곡수

토지면 송정리 석주곡에서 발원하여 칠의사를 거쳐 섬진강으로 흘러 들어간다. 정유재란 때 구례의병이 왜군과 맞서 치열하게 싸웠던 곳이다. 당시 전사자에서 흘러내린 피로 계곡이 붉게 물들어 칠의사 앞을 '피내(血川)'라고 부른다.

E 파도마을

구례노인요양원에서 포장도로를 따라 내려오다 19번 국도와 만나는 곳이 파도마을이다. 구례읍에서 7km, 토지 면소재지에서 동쪽으로 1km 떨어져 있다. 경남 화개와는 8km 거리다. 지리산 노고단에서 왕시루봉으로 이어진 능선이 낭떠러지처럼 뚝 떨어진 곳에 터를 잡았다. 섬진강 건너에는 백운산과 계족산을 바라보고 있어 좌청룡 우백호의 명당 터다. 마을 원편의 낮은 산을 청룡등이라 부르고 있다. 섬진강변에 자리해 안개 낀 날이 많다.

F 석주관 칠의사묘

조선 선조 31년(1598) 정유재란 때 왜구에 맞서 석주관을 죽음으로 지킨 7인의 의병장과 당시 구례 현감을 모신 무덤(사적 제 106호)이다. 당시 석주관은 전라도와 경상도를 연결하는 중요한 지점이다. 선조 31년 8월 초 왜군이 석주관으로 쳐들어오자 당시 구례 현감 이원춘은 남원성으로 후퇴하여 그곳에서 대항하다가 전사하였다. 이때 왕득인이 의병을 모집해 석주관에서 진주에서 오는 왜적과 싸우다 전사했다. 그후 왜적이 구례에 들어와 방화와 약탈을 자행하자 구례의 이정익, 한호성, 양응록, 고정철, 오종, 왕의성 등이 모여 수백명의 의병을 모집하고 화엄사의 승병과 함께 석주관을 지키던 중 다음해 봄 왜군의 공격에 대항하다 왕의성을 제외한 5명의 의사는 전사했다. 왕의성는 인조 14년(1636) 병자호란 때 다시 의병을 일으켜 왜적과 맞서 싸웠다. 1804년(순조 4) 나라에서 칠의사의 충절을 기려 각각 관직을 추증하였다.

G 구례석주관성

고려 말 왜구가 섬진강을 통해 전라도와 내륙에 침입하는 것을 막기 위해 쌓은 성(사적 제 365호)이다. 정유재란 때는 많은 의병들이 왜적의 전라도 진입을 막기 위해 싸우다 순절한 역사의 현장이다. 왕시루

유용한 전화번호

구례버스터미널
061-780-2730~1
구례구역
061-782-7788
구례군청 문화관광과
061-782-2014
구례군청 산림과
061-780-2422
지리산둘레길 구례센터
061-781-0850

콜택시
토지면 061-783-0078
구례읍 061-783-5000
　　　　061-781-9000

봉 능선에서 흘러내린 산자락에 만든 이 성은 석성과 토성, 돌과 흙을 혼합해 쌓았다. 성을 쌓은 형태는 윗부분의 구조가 둥그스레한 반원의 모양을 이루고 있으며, 그 폭과 높이가 일정하지 않다. 성의 폭은 약 1m 내외, 높이는 1~1.5m가량 된다. 성 오른쪽에는 칠의사묘가 있다.

ⓗ 섬진강 어류생태관

섬진강의 어족자원을 체계적으로 연구, 보존하기 위해 만든 전시관이다. 2008년 3월에 개관하였으며 수달과 어류 51종이 전시되어 있다. 061-781-3666

ⓘ 구례노인요양원

국비와 군비를 들여 만든 노인전문 요양병원이다. 연면적 1,420m^2 규모로 60명을 수용할 수 있으며, 물리치료실과 의료 및 간호사실, 식당 등을 갖추고 있다. 치매와 같은 중증 노인성 질환으로 고통받는 노인들에게 다양한 복지혜택을 주고 있다. 사전에 신청하면 봉사를 할 수 있다. 061-781-9494

ⓙ 하죽마을

조선 영조 때 경주 이씨 이기명이 경주에서 길지를 찾아와 정착한 마을로 풍수지리설에 명지라 하여 각 지방에서 많은 사람들이 이주해 왔다. 일대에 대나무가 많아서 죽(竹) 자를 넣은 지명이 많다. 하죽(下竹)도 그 중 하나다. 본래 내죽, 하죽, 오미 등을 통틀어 오미리라 부르다가 1914년 행정구역 개편 때 하죽마을로 독립했다. 해방 전까지 이 마을에 살던 밀양 박씨가 토지면에서 제일 가는 부자였다.

Ⓚ 오미마을

구례군 토지면 오미리는 본래 오동이라 불리다 조선 중기에 유이주가 이주하면서 오미리라 바꾸어 지금에 이른다. 이곳 오미리는 남한의 3대 명당 중 한 곳으로 꼽히는 길지다. 마을 왼편에

자리한 운조루는 남도 대가집의 전형적인 모습을 간직하고 있으며, 보존이 잘 되어 있어 관광객이 많이 찾는다. 마을에 한옥 민박촌이 형성되어 있어 숙박하기도 좋다. 운조루 앞에 마을 특산물을 판매하는 구판장이 마련되어 있다.

Ⓛ 문수사

지리산둘레길에서는 조금 떨어져 있지만 원효대사, 사명대사 등 여러 고승이 수행 정진한 제일의 문수도량이다. 좌청룡 우백호의 기운이 뚜렷한 문수사는 백제

성왕 25년(547) 연기조사가 창건한 유서 깊은 고찰이다.

Ⓜ 내죽마을

대나무와 문수천의 시냇물을 따서 '대내'라 불렀다고 한다. 또 옛날 문수천의 물을 논으로 끌어들이기 위해 보를 만드는데, 보의 입구를 암석이 있어 뚫을 수가 없었다. 그런데 어느 날 하룻

밤 사이에 죽순이 암석을 뚫고 올라오면서 암석이 뚫려 물길이 생겼다 해서 대내(죽천)라 칭했다는 설도 있다. 내죽마을에서 오미마을로 가는 길에는 마을 빨래터가 곳곳에 눈에 띈다.

지역과 함께하는 둘레길 여행

오일장
구례장(3, 8일)
둘레길에서 가까운 읍내 초입에 위치했다. 보기 드물게 한옥 장옥을 갖췄다. 최근에 헌 한옥 장옥을 새것으로 바꿔 말끔해졌다. 예부터 영호남의 물물이 한 곳에 모이기로 유명했다. 고추전, 미곡전, 이불전, 옹기전, 대장간, 채소전 등 없는 것이 없다. 섬진강 참게 등 해산물전도 풍성하다. 좌판에서 먹는 부침개가 허기를 채워준다.

지역생산물
고로쇠약수, 우리밀, 오리, 배.

은행(농협), 우체국
구례읍, 토지면.

매점
하죽마을 오미슈퍼.

서시천 꽃길 따라 섬지뜰 속으로

오미마을을 출발한 지리산둘레길은 용두마을 삼거리에서 오미~난동구간과 오미~방광 구간으로 갈라졌다 난동마을에서 다시 만난다. 오미~난동구간은 섬진강에서 서시천으로 이어지는 긴 제방길로 구성된다. 둘레길 전체에서 가장 긴 강둑길이다. 돌복숭아꽃, 벚꽃, 원추리꽃과 시원한 강줄기가 걷는 내내 친구가 되어 지루함을 달래준다. 섬지뜰 가운데를 가로지는 길이라 양쪽으로 산그림자에 숨은 정겨운 시골 풍경을 조망하며 걸을 수 있다.

오미~난동
(난동~오미)

오미마을 → 곡전재(0.2km) → 원내마을(0.7km) → 용호정(2.3km) → 구례센터(3.8km) → 광의면사무소(6.1km) → 구만마을(1.7km) → 세심정(0.5km) → 온동마을(2.0km) → 난동갈림길(1.6km)

거 리 18.9km
시 간 7시간
오 미 전남 구례군 토지면 운조루길 56
난 동 전남 구례군 광의면 난동길 70-4

구간 한눈에 보기

❶ 오미마을(한옥민박촌) 오미마을 당산나무 아래에서 길은 다시 시작된다. 한옥들이 많은 마을 풍경이 여행자를 기웃거리게 만든다. 마을을 오른쪽에 두고 걷다 보면 왼쪽으로 섬진강과 강 건너 백운산 자락인 오봉산이 풍경화처럼 따라온다. 마을길은 구례와 하동을 잇는 19번 국도로 이어진다.

❷ 용호정 19번 국도를 10분쯤 걸으면 GS주유소를 지나 용두마을과 하사마을 갈림길이 나온다. 난동~오미 구간은 용두마을로 좌회전이다. 신호등이 없어 조심히 건너야 한다. 용두마을을 통과하는 길은 예촌길을 따라 섬진강 제방길로 이어진다. 마을길이 복잡하다. 아스팔트 포장길을 계속 따라간다.

❸ 섬진강길 용두마을에서 무너진 다리를 이용한 징검다리를 건너면 섬진강길이 시작된다. 구례읍까지 4km 가량 이어지는 제방길에는 그늘이 없고, 시멘트 길이라 모자가 필수다. 왼쪽으로 펼쳐지는 섬진강의 시원한 풍경과 강바람이 위안이 된다.

❹ 구례읍 구례읍에 접어들면 서시천변 자전거 산책로를 따라 걷는다. 구례도서관, 공설운동장 옆을 지난다. 시내로 들어가 점심을 먹거나 필요한 준비물을 살 수 있다. 날짜가 맞으면 구례오일장(3, 8일)을 둘러봐도 좋겠다.

❾ 온동마을과 난동마을 온동저수지가 먼저 반긴다. 저수지에 비치는 마을 풍경이 한폭의 그림처럼 아름답다. 마을 안쪽에 커다란 정자나무가 있어 쉬어가면 좋겠다. 온동마을을 지나면 바로 난동마을이 나온다. 구례 뜰이 한눈에 펼쳐지는 시야가 시원하다. 다소 지루했던 포장길은 난동마을 버스정류소 옆 느티나무 그늘 아래서 끝난다.

❽ 우리밀체험장(구만유원지) 구만유원지 보를 올라가면 농촌체험관 우리밀체험장이 나온다. 들렸다 가면 좋겠다. 체험장을 나와 오른쪽 방향으로 100m 쯤에 삼거리가 나온다. 여기서 온당마을 이정표(벅수)를 보고 좌회전을 한다. 여기서부터 아스팔트 포장길이라 차들을 조심해야 한다.

❼ 세심정(분토마을) 연파마을을 통과하는 둘레길은 광의면사무소 바로 뒤에서 다시 서시천꽃길로 합류한다. 20분쯤 걷다보면 만나는 세심정에서 우측으로 보이는 저수지 둑을 보고 방향을 튼다. 길은 구만마을을 통과하지 않고 옆으로 비껴간다.

❻ 연파마을(광의면소재지) 서시천꽃길 중간에 용방면과 광의면 가는 길이 갈라진다. 자칫하면 이정표(벅수)를 그냥 지나치기 쉽다. 서시천이 합류하는 지점에서 서시2교 아래로 보이는 구름다리를 건너야 광의면으로 간다. 연파마을은 편의시설이 있어 쉬었다 가기 좋다.

❺ 서시천꽃길 구례읍에서 연파마을(광의면소재지)까지는 서시천변 자전거산책로를 따른다. 길 내내 벚꽃나무가 함께한다. 봄이면 꽃비가 날리는 길을 걸을 수 있다. 계속되는 시멘트 포장길이라 다소 지루한 면이 없지 않다. 꽃길은 6km가 이어진다.

구간 자세히 보기

오미 찾아가기
구례버스터미널에서 하사·오미 노선을 순환하는 버스를 타 오미마을에서 내린다. 종점이 문수리인 버스는 오미마을을 지나 5분 정도 더 들어갔다 나온다.

난동 찾아가기
구례버스터미널에서 구만리가 종점인 순환버스를 타 난동마을에서 내린다.
시간이 맞지 않다면 연파마을(광의면소재지)로 가 10분 정도 걸어서 난동마을로 갈 수 있다. 연파마을행 버스는 자주 다닌다.

자가용 이용
오미 전남 구례군 토지면 운조루길 59
지리산둘레길 구례센터
      전남 구례군 구례읍 서시천로106

A 오미마을(한옥민박촌)

구례군 토지면 오미리는 본래 오동이라 불리다 조선 중기에 유이주가 이주하면서 오미리라 개칭해 지금에 이른다. 오미는 다섯 가지 아름다움을 담았는데, 월명산. 방장산. 계족산. 오봉산. 섬진강이 그것이다. 이 곳 오미리는 남한의 3대 명당 중 한 곳으로 꼽히는 길지다. 풍수지리에서는 금환락지(金環落地)의 형국이라 한다. 즉 금가락지가 땅에 떨어진 곳으로 부귀영화가 샘물처럼 마르지 않는 풍요로운 곳이라는 뜻이다. 조선 중기의 양반가옥을 들여다 볼 수 있는 운조루와 조선 후기 건축양식을 담은 곡전재가 유명하다. 이에 맞추어 마을에 한옥민박촌이 형성되어 있어 숙박하기 좋다. 운조루 앞에 마을 특산물을 판매하는 구판장이 마련되어 있다.

B 운조루와 곡전재

오미리는 조선시대 양반가를 엿볼 수 있는 운조루가 유명하다. 운조루가 자리한 집터는 남한의 3대 길지(지덕이 있는 좋은 집터)로 꼽힌다. 운조루는 조선영조 52년(1776)에 삼수부사를 지낸 유이주가 말년을 보내기 위해 세웠다. 대구 출신인 그가 이곳에 들어온 이유는 풍수지리 때문이다. 섬진강 건너로 보이는 오봉산이 아름답고, 주변 산들이 다섯 가지 모양을 모두 갖추었고, 물이 풍부하고, 풍토가 후덕하고, 대기가 사람이 거처하기에 좋다는 다섯 가지 조건이 맞춤인 곳이었다. 집은 一자형인 행랑채와 T자형 사랑채, 그리고 ㄷ자형 안채로 구성되어 있다. 구조 양식은 서까래를 놓는 나무인 '도리'와 그 도리를 받치고 있는 모진 나무인 '장여'로만 된 민도리집이다. 현재도 사람들이 사는 살림집이라 조용히 관람해야 한다. 입장료는 1천원.
운조루에서 100m 아래에 자리한 곡전재도 둘러볼만하다. 멀리서 보면 대나무와 돌담이 에워싼 작은 성 같다. 이 집은 1929년

박승림이 건립했고, 1940년 이교신이 인수해 지금까지 그 후손들이 살고 있다. 조선 후기 한국 전통 목조건축양식을 보여준다. 무엇보다 정원이 아름답다. 산책길을 따라 집을 한 바퀴 둘러볼 수 있다. 입장료는 무료.

ⓒ 용호정

섬진강이 내려다보이는 용두마을 솔숲에 있는 정자다. 일제강점기인 1916년 고각루(鼓角樓)라는 누각이 헐리게 되자 이 누각을 사들여 현 위치에 옮겨 세우고 용호정(龍湖亭)이라 이름 붙였다고 한다. 용호정은 정면 3칸, 측면 2칸 규모의 팔작지붕으로, 시회소(詩會所; 시 모임 장소)로 이용되었다. 구한말 우국지사 매천 황현(1855~1910) 문하에서 시를 배운 권봉수, 허규, 오병희, 이병호 등이 용호정시계(龍湖亭詩契)라는 시회를 만들어 용호정을 근거지로 활동했다.

ⓓ 섬진강길

용두마을을 지나 예촌길을 따라가면 하천 제방이 나온다. 둘레길은 제방을 올라 무너진 다리를 이용한 징검다리를 건너 섬진강길로 이어진다. 비가 오거나 위험하다 싶으면 예촌길을 따라 19번 국도 옥지교를 건너 섬진강길로 우회하면 된다. 섬진강길은 그늘이 없고 시멘트로 포장되어 있어 모자가 꼭 필요한 구간이다. 오른쪽으로는 구례 환경사업소가 있고, 멀리 섬지뜰과 지리산 자락이 펼쳐진다. 왼쪽으로는 섬진강의 시원한 풍경과 강바람이 불어와 땡볕을 걷는 여행자들을 달래준다. 섬진강길은 섬진강의 지천인 서시천 꽃길로 이어진다.

유용한 전화번호
구례버스터미널
061-780-2730~1
구례구역
061-782-7788
구례군청 문화관광과
061-782-2014
구례군청 산림과
061-780-2422
지리산둘레길 구례센터
061-781-0850

콜택시
구례읍 061-783-5000
　　　 061-781-9000

❷ 구례읍과 오일장

구례군민의 33%가 사는 구례군의 행정·문화·경제의 중심지다. 남쪽으로는 섬진강이 동쪽으로는 섬진강이 둘러싼 들 가운데 위치했다. 숙박시설 등 각종 편의시설과 둘레길 구례 구간의 각 지점과 지리산 노고단 등으로 가는 대중교통이 편리해 둘레길 구례 구간 여행을 준비하기에 맞춤인 곳이다. 둘레길은 읍내를 통과하지 않고 서시천 자전거 산책로로 곧장 이어지지만 읍내에 들러서 시골 인심을 맛보고 가면 좋겠다. 매 3일과 8일에 열리는 구례오일장에 맞추어 가면 금상첨화다. 한옥 장옥으로 새 단장을 한 장터는 예부터 영호남의 물물이 한 곳에 모이기로 유명했다. 고추전, 미곡전, 이불전, 옹기전, 대장간, 채소전 등 없는 것이 없다. 좌판에서 파는 부침개가 허기를 달래준다.

❸ 서시천꽃길과 매천 황현선생

구례군에서 서시천 제방을 정비해 자전거 산책로를 만들었다. 시멘트 포장길이지만 자동차가 다니지 않고 벚꽃 가로수가 풍성하게 이어져 상쾌하게 걸을 수 있다. 구례읍민들과 주변 용방면, 광의면 사람들이 저녁이면 마실을 다니는 길이다. 길을 걷다 보면 서시천에서 다슬기를 채취하는 동네 사람들과 산 그림자에 숨어 있는 작은 마을들을 볼 수 있어 정겹다. 둘레길이 지나는 구례도서관 정원에 매천 황현선생추모비가 세워져 있다. 황현선생은 1910년 9월 10일 한일합방 소식을 듣고 절명시 네 수, '금수도 슬피 울고 산하도 찡그리니/ 무궁화 세상은 이미 망해 버렸다네/가을 등불 아래서 책 덮고 회고해 보니/인간 세상 식자 노릇 참으로 어렵구나'를 남기고 자결했다. 조선말 지역의 올곧은 지식인으로 〈매천야록〉 등 여러 저술을 남겼다. 본래 광양 출신이지만 구례군 간전면 수평리 일대로 이주해 여생을 보냈다.

❹ 연파마을(광의면소재지)

광의면소재지 마을이다. 농협 하나로마트 등 각종 편의시설이 있어 쉬어가기 좋다. 조선 초기 안동 권씨, 경주 김씨, 인동 장씨가 정착하면서 마을이 형성됐다고 한다. 본래 남원부였으나

1914년 행정구역 개편 때 구례군이 되었다. 풍수지리설에 따르면 지형이 좌상함용의 명지로서 마을 앞에 연화도수가 있고 서시천이 흘러 연파정이라 했다가 이후 연파리가 되었다고 한다. 광의면사무소와 마주 서 있는 500년 된 입하꽃나무가 장관이다. 입하꽃나무는 입하가 되면 꽃이 핀다고 해서 입하꽃나무다.

❶ 구만마을과 구만유원지

서시천이 상류에서부터 9번째로 굽이치는 곳에 위치했다고 구만리라 했다고 한다. 1400년 경 삭녕 최씨가 정착하면서 마을이 형성됐다. 마을 뒤로 구만저수지가 만들어져 농업용수를 대고

있다. 최근 들어 구만저수지에 수상레저타운 시설이 들어왔다. 16만여평의 넓은 저수지가 주변 풍광과 어우러져 시원하다.

❶ 우리밀체험장(농촌체험관)

구만마을 뒤 언덕 위, 구만저수지가 한눈에 보이는 자리에 위치했다. 2002년 구례군 우리밀협동조합에서 농촌과 우리밀의 소중함을 알리기 위해 만들었다. 10년 만에 인구의 절반 이상이

외지로 빠져나가는 농촌의 현실을 헤쳐 나가기 위한 농민들의 발걸음이 분주하다. 하지만 농민들의 힘만으로는 요원하기만 하다. 싼 수입산 밀에 길들여져 3배 이상 비싼 우리밀을 외면하는 소비자와 뒷짐만 진채 방관하는 정부가 함께 노력해야 한다. 이곳에서 농촌과 우리 땅에서 나는 우리밀의 소중함을 체험할 수 있다. 우리밀밭이 노랗게 익어가는 풍경이 근사하다. 숙박도 가능하다. 문의 061-781-3034

지역과 함께하는 둘레길 여행

오일장
구례장(3, 8일)
둘레길에서 가까운 읍내 초입에 위치했다. 보기 드물게 한옥 장옥을 갖췄다. 최근에 헌 한옥 장옥을 새것으로 바꿔 말끔해졌다. 예부터 영호남의 물목이 한 곳에 모이기로 유명했다. 고추전, 미곡전, 이불전, 옹기전, 대장간, 채소전 등 없는 것이 없다. 섬진강 참게 등 해산물전이 풍성하다. 좌판에서 먹는 부침개가 허기를 채워준다.

지역 생산물
고로쇠, 우리밀, 오리, 배 등.

은행(농협), 우체국
구례읍, 연파마을(광의면소재지)

매점
구례읍, 연파마을(광의면소재지)

J 온동마을

온동저수지에 비치는 마을과 산그림자가 멋지다. 조선말 전주 이씨가 들어와 살면서 마을이 형성됐다고 한다. 골논계라고 하는 골짜기 샘에서 따뜻한 물이 나와 온수골이라 부르다 한자로 개칭하면서 온동이 되었다. 골논계 온수로 목욕을 하면 병이 완쾌된다는 소문이 돌면서 전국의 나병환자들이 모여들어 마을 주민들이 솥뚜껑으로 샘을 막아버렸다는 전설이 내려온다.

K 난동마을

1500년 경 마을 뒤에 있던 난약사라는 절 주변에 사람들이 모이기 시작하면서 마을이 형성됐다고 한다. 본래 난약사의 난자를 따서 난약골이라 했는데, 한자로 바꿔 난동이라 부른다. 하루 5차례 구례읍으로 나가는 버스가 다닌다.

길과 이야기 8

오미리 ~ 서시천 ~ 밤재

국립공원 1호 지정 구례주민들이 앞장
어디나 길지이자 풍성한 남도의 꿈이 서린 곳

처음에는 지리산을 한눈에 조망하며 걸을 수 있는 지리산둘레길을 기획하고 조사했다. 하지만 19번 국도와 고속도로 공사로 인해 국립공원에 가까운 마을들을 잇는 길이 되고 말았다. 그래도 곳곳에 풍성한 마을 숲 사이를 노고단과 섬진강, 그리고 넉넉한 구례 들녘을 보며 걸을 수 있어 정겨운 길이 되었다.

지리산 곳곳은 길지다. 길지는 대체로 풍요롭다. 그 살기 좋은 터, 길지를 찾아 많은 이들이 지리산자락으로 들어왔다. 구례는 예부터 많은 이들이 찾았던 지리산 자락의 길지 중 한곳이다. 그만큼 남도의 풍요를 자랑한다. 풍성한 땅 기운에 섬진강 풍요가 더해져 물산이 풍부하고 인심도 좋다. 전국을 대상으로 실시한 주민 만족도 조사에서 구례군 토지면이 제일 높게 나왔던 적이 있다. 그만큼 살기 좋은 곳이다. 이처럼 좋은 땅에서 좋은 인물이 나지 않을 수 없는 법. 구한말 나라를 팔아먹은 매국노를 응징하기 위해 초개와 같이 목숨을 버린 매천 황현선생이 이곳 사람이다.

지리산 이야기에서 빠뜨릴 수 없는 게 섬진강이다. 지리산을 만나면서 섬진강이 풍요로워지는데, 바로 구례부터다. 구례구역에서 구례읍을 지나 하동과 광양으로 흐르는 섬진강은 제법 강답다. 이는 지리산 계곡에서 섬진강으로 흐르는 물들이 많은 덕분이다. 성삼재까지 차가 다니기 전까지 지리산종주산행은 구례구역에서 기차를 내려 화엄사, 노고단, 천왕봉을 잇는 게 보통이었다. 지금도 기차를 타고 구례구역에서 내려 지리산 종주산행을 시작하는 사람들이 많다.

구례읍을 지나는 지리산둘레길은 서시천을 따라 이어진다. 서시천에서는 5월이면 수박향의 은어가 잡히고, 섬진강으로 합수되는 지점에서 먹이사냥을 하는 왜가리와 백로를 볼 수 있다. 곶감 나무 아래 입을 벌리고 곶감이 떨어지길 기다리는 모습처럼 역류하는 물고기들을 한가하게 낚는 새들의 게으른 먹이사냥이 이곳이 얼마나 풍성한가를 보여준다. 온갖 생명들이 풍성한 곳은 사람에게도 풍요로운 곳이다. 토지면 오미리 운조루 앞을 지나는 둘레길 주변에 펼쳐진 들판은 그 옛날 길지를 찾아

이곳을 찾아온 운조루 주인장의 내력을 새삼 떠오르게 한다. 길지를 찾아 대대로 살던 곳을 버리고 이곳에 정착한 운조루 99칸의 꿈은 풍요로운 지리산자락에 기대어 사는 모든 이의 소망이기도 하리라.

지리산을 이야기할 때 '국립공원 1호 지리산'을 빼놓을 수 없다. 지리산이 국립공원 1호로 지정되기까지 쏟은 구례지역민들의 노력은 대단했다. 한국전쟁 이후 지리산은 무법천지였다고 한다. 고산준봉의 울창한 밀림이 마구 도벌되는 악순환이 계속되고 있었다. 1955년부터 지리산을 오르며 도벌 현장을 자주 목격하게 된 연하반(구례산악회원들의 모임)이 지리산 자연훼손방지와 보존운동에 앞장섰다. 1963년 3월 군민대회에서 지리산국립공원추진위원회가 결성되고 청원서를 작성 정부에 전달했다. 그해 여름 지리산지역개발조사위원회의 지리산 현지조사가 있었고, 구례 연하반 회원들이 현장 안내를 담당했다. 구례지역 1만 가구가 10원씩 모아 10만원의 활동기금을 마련했을 정도로 온 군민이 정성을 다했다. 그 결과로 지리산은 1967년 12월 29일 우리나라 최초로 국립공원이 되었다.

지리산둘레길 구례구간은 포장된 길이 많다. 마을길이나 임도의 포장율도 높기 때문이다. 발전의 이름으로 우리 시골길들이 포장되고 농기계를 이용한 농업과 농사짓는 일손들이 도시로 떠나 산골짝 전답들이 묵답으로 변하는 과정에서 많은 고갯길들이 사라진 결과다. 그래서 길을 걷는 여행자들이 불편을 느낄 수도 있다.

지속가능한 삶의 방식이 화두인 세상이다. 산업화라는 거친 물결 속에서 우리가 얻은 것과 잃어버린 것들을 무엇일까. 풍요로운 남도의 마을과 마을을 걷다보면 그 답을 찾을 수 있을 것이다.

섬지뜰 품고 가는 동네 마실길

오미~방광구간은 지리산과 섬진강 기운을 받아 정답게 살아가는 7개 마을을 지난다. 마을 농로와 마을 뒤 숲길을 주로 걷는다. 임도와 솔숲길이 번갈아 가며 여행자를 즐겁게 한다. 구간 내내 구례 들판을 품고 걷는다. 그 넓은 들이 구례의 넉넉한 인심인 듯 포근하다. 오래된 마을의 역사를 대변하는 운조루와 곡전재, 그리고 마을의 효자비들을 보고, 화엄사에 들러 고찰의 장엄함도 맛볼 수 있다.

오미~방광
(방광~오미)

오미마을 → 배틀재(1.1km) → 하사마을(0.9km) → 상사마을(0.9km) → 청내골(2.7km) → 황전마을(1.8km) → 당촌마을(1.9km) → 수한마을(1.6km) → 방광마을(1.4km)

거 리   12.3km
시 간   5시간
오 미   전남 구례군 토지면 운조루길 56
방 광   전남 구례군 광의면 방광리 481-2

당촌마을에서 수한마을로 이어지는 언덕길.
지리산 자락이 포근하게 감싼다.

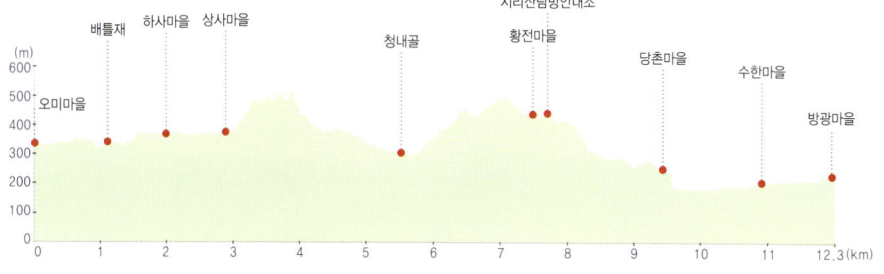

 **구간 한눈에 보기**

① 오미마을(운조루) 운조루 앞 오미마을 당산나무 아래서 신발끈을 다시 묶는다. 마을 정자와 그네가 한옥체험마을을 실감하게 한다. 마을을 오른쪽에 두고 걷다 보면 왼쪽으로 섬진강과 강 건너 백운산 자락인 오봉산이 풍경화처럼 따라온다. 마을길은 구례와 하동을 잇는 19번 국도로 이어진다.

② 하사마을 19번 국도를 10분쯤 걸으면 GS주유소를 지나 용두마을과 하사마을 갈림길이 나온다. 난동~방광 구간은 하사마을로 우회전이다. 마산면 이정표와 함께 하사저수지와 들판과 마을이 어우러진 멋진 풍광이 나타난다. 마을 정자와 샘이 있어 목을 축이고 쉬었다 가면 좋다.

③ 상사마을 아스팔트길은 상사마을 입구 효자오형진 지려 앞에서 평전언덕 흙길로 바뀐다. 평전언덕에서 보이는 구례 들판과 아스라이 이어지는 섬진강 물줄기가 장관이다. 길은 상사마을 차밭을 지나 마을 산책길, 솔숲길로 아기자기하게 이어진다. 솔숲길과 시멘트 임도가 번갈아 나타나는 길은 가랑마을을 지나 배밭으로 이어진다. 구례읍이 내려다보이는 언덕에 자리한 배밭에 꽃이 피면 장관이다.

④ 황전마을(지리산국립공원 탐방안내소) 배밭을 지나 짧은 솔숲을 지난 길은 작은 저수지를 뒤로하고 황전마을로 이어진다. 민박촌을 지나 지리산 탐방안내소 삼거리에서 월등파크호텔을 보고 좌회전한다. 길은 월등파크호텔 바로 뒤에서 솔숲으로 이어진다. 화엄사 입구라 시간이 되면 들렀다 가도 좋겠다.

❽ 방광마을 수한마을을 지난 길은 포장도로가 되어 방광마을로 곧장 이어진다. 수한마을 표지석과 버스정류장이 보이면 이 구간을 다 걸은 셈이다. 노고단 가는 길목이라 대중교통이 편리하다.

❼ 수한마을 마을 입구 짧은 대나무숲길을 지나 돌담길이 예스런 수한마을을 통과한다. 마을회관 옆 520년 수령의 도나무 당산나무 아래 정자에서 쉬어가거나 골목골목에 그려진 벽화들을 둘러보고 가면 좋겠다.

❻ 지리산리조트 당촌마을에서 이어진 시멘트 임도가 지리산리조트를 지나 수한마을까지 이어진다. 수련원 뒤 삼거리에서 이정표(벅수)를 따라 우회전한다. 지나온 길들이 남새밭 사이로 아득하다. 수한마을 뒷길 입구를 그냥 지나칠 수 있어 주의한다.

❺ 당촌마을 잘 가꾸어진 솔숲 사이로 구례군에서 새로 정비한 둘레길이 상쾌하다. 길 중간 중간 시멘트 임도와 솔숲이 만나는 곳에 위치한 이정표(벅수)를 잘 보며 걸어야 한다. 유난히도 무덤들이 많은 구간이다. 무덤 자리마다 풍광이 좋아 감탄이 절로 나온다.

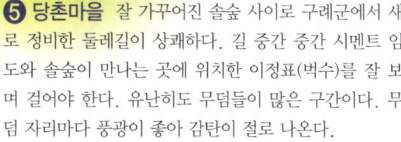

구간 자세히 보기

오미 찾아가기

구례버스터미널에서 하사·오미 노선을 순환하는 버스를 타 오미마을에서 내린다. 종점이 문수인 버스는 오미마을을 지나 5분 정도 더 들어갔다 나온다.

방광 찾아가기

구례버스터미널에서 구만리가 종점인 순환버스를 타 방광마을에서 내린다. 천은사행 버스를 타 방광마을에서 내려도 된다. 시간이 맞지 않다면 연파마을(광의면소재지)로 가 10분 정도 걸어서 방광마을로 갈 수 있다. 연파마을행 버스는 자주 다닌다.

Ⓐ 오미마을(한옥민박촌)

구례군 토지면 오미리는 본래 오동이라 불리다 조선 중기에 유이주가 이주하면서 오미리라 개칭해 지금에 이른다. 이곳 오미리는 남한의 3대 명당 중 한 곳으로 꼽히는 길지다. 마을에 한옥민박촌이 형성되어 있어 숙박하기 좋다. 운조루 앞에 마을 특산물을 판매하는 구판장이 마련되어 있다.

Ⓑ 운조루와 곡전재

오미리는 조선시대 양반가를 엿볼 수 있는 운조루가 유명하다. 운조루가 자리한 집터는 남한의 3대 길지(지덕이 있는 좋은 집터) 중에 한곳으로 꼽힌다. 집은 ㅡ자형인 행랑채와 T자형 사랑채, 그리고 ㄷ자형 안래로 구성되어 있다. 구조 양식은 서까래를 놓는 나무인 '도리'와 그 도리를 받치고 있는 모진 나무인 '장여'로만 된 민도리집이다. 현재도 사람들이 사는 살림집이라 조용히 관람해야 한다. 입장료는 1천원.
운조루에서 100m 아래에 자리한 곡전재도 둘러볼만하다. 멀리서 보면 대나무와 돌담이 에워싼 작은 성 같다. 조선 후기 한국전통목조 건축양식을 보여준다. 무엇보다 정원이 아름답다. 산책길을 따라 집을 한 바퀴 둘러볼 수 있다. 입장료는 무료.

Ⓒ 하사마을

신라 흥덕왕 때부터 형성된 오래되고 큰 마을이다. 본래 승려 도선에게 이인이 모래 위에 그림을 그려 뜻을 전한 곳이라 하여 사도리라 불렸던 것이 일제 때 윗마을과 아랫마을을 구분해 상사

자가용 이용
오미 전남 구례군 토지면 운조루길 59
방광 전남 구례군 광의면 방광리 554

유용한 전화번호
구례버스터미널
061-780-2730~1
구례구역 061-782-7788
구례군청 문화관광과
061-782-2014
구례군청 산림과
061-780-2422
지리산둘레길 구례센터
061-781-0850

콜택시
구례읍 061-783-5000
    061-781-9000

리와 하사리가 되었다. 승려 도선은 이인의 삼국통일을 암시하는 그림을 보고 고려 건국을 도왔다고 전한다. 하사저수지를 품고 넓은 들을 바라보는 마을 정경이 아름답다. 저수지 바로 옆과 마을 앞에 당산과 정자가 있어 쉬어가기 좋다. 마을 입구에 작은 샘이 있어 목을 축이고 가도 좋다.

D 상사마을과 당몰샘

하사마을과 합쳐 사도리라 불리던 것이 일제 때 현재 지명으로 바뀌었다. 해주 오씨와 녕천 이씨가 대부분을 이루고 있다. 전국에서 장수마을로 유명하다. 마을 사람들은 그 비결을 당몰샘 때문이라 여긴다. 관계 기관의 조사에 의하면 유독 미네랄 성분이 풍부하고 대장균이 없는 맑은 샘물이라고 한다. 둘레길이 지나지는 않지만 들러서 목을 축여도 좋겠다. 마을 뒤로 작은 차밭이 있어 아름다운 풍광을 자랑한다. 다른 농촌마을과는 달리 새로 이주해오는 사람들이 있어 마을 인구수가 늘어났다고 한다. 살기 좋은 마을이란 의미겠다.

E 황전마을

화엄사 입구 집단시설지구로 유명하다. 화엄사까지는 도보로 20분 정도 거리다. 지리산 탐방안내소가 있어 화장실을 이용할 수 있다. 또한 민박촌을 포함한 각종 숙박시설과 식당들이 즐비하다. 조선시대 형성되어 황둔마을로 불리다가 일제 때 바로 옆 우전마을과 합쳐져 황전마을이 되었다. 마을 옆을 흐르는 황전계곡에서 발을 담그고 가도 좋겠다.

F 화엄사

둘레길이 지나지는 않지만 지리산 지역을 대표하는 사찰 중 한 곳이라 시간을 내 들렸다 가면 좋다. 화엄사는 신라시대 고찰이다. 신라 진흥왕 5년(544)에 연기조사가 창건했으며 절 이름은 화엄경의 두 글자를 따서 붙였다고 한다. 선덕여왕 12년(643)에 자장에 의해 증축되었고 헌강왕 1년(875)에 도선이 다시 증축했다. 임진왜란 때 소실된 것을 조선 선조 34년(1606)에 벽암선사가 7년 동안 다시 지었다. 유물로는 국보 67호인 각황전을 비롯해 각황전 앞 석등(12호), 4사자 3층석탑(35호)등 국보 3점과 보물 299호인 대웅전, 132호인 동5층석탑, 133호인 서5층석탑, 300호인 원통전 앞 4사자석탑이 있다. 천연기념물 38호인 올벗나무가 특히 유명하다.

G 당촌마을

조선 말기에 전주 이씨가 들어와 살면서 마을이 형성됐다. 본래 풍수지리 상 사직형국이라 해서 사직동이라 했다가 한자로 바꾸면서 당촌이 되어 오늘에 이르고 있다. 수령이 300년 된 마을 정자나무에서 매년 음력 정월 초삼일에 당산제를 지낸다. 둘레길은 마을 뒷길을 지나는데 길 옆으로 축사가 있어 큰소리를 내거나 소들이 위협을 느낄만한 행동을 자제해야 한다. 당촌마을 바로 옆에는 KT수련원이 있어 둘레길 이정표가 된다.

H 수한마을

조선 선조 25년경에 임진왜란을 피해 남원에서 이주한 경주 김씨 3세대가 정착하면서 마을이 형성됐다. 본래 물이 차다하여 물한리로 불리다가 행정구역 개편을 하면서 수한마을이 되었다.

마을에는 520년 수령의 도나무 당산나무 잎이 일시에 피게 되면 풍년이 들고, 2~3회 나누어 피면 흉년이 든다는 전설이 내려온다. 마을 당산에서 매년 당산제를 지내 마을의 평안을 빌고 있다. 마을의 돌담길과 늙은 감나무가 예스런 분위기를 연출한다.

❶ 방광마을

임진왜란 때 외지인이 피란와 마을이 형성됐다. 본래 판관이 살았다하여 팡괭이라 불리다 방광으로 변했다. 방광리라는 이름에는 소로 변한 사미승 전설이 전해진다. 천은사와 지리산 성삼재 길목 마을이라 그곳으로 가는 버스가 자주 있다.

❿ 매천사

매천 황현(1855~1910)선생의 위패를 모신 사당이다. 매천선생은 어려서부터 시를 잘 짓고 재질이 뛰어나 이건창, 김택영과 함께 한말 3재라 불렸던 유학자다. 고종 25년(1888)에 생원회시(生員會試)에서 장원하였으나, 혼란한 시국과 썩은 벼슬아치들을 개탄하며 구례군 광의면 수월리 월곡으로 내려와 후학들을 가르치며 세월을 보냈다. 그러다 한일합방을 알리는 양국조서가 전해진 이틀 뒤인 1910년 9월 8일 저녁, 절명시(絕命詩) 4수와 유서를 남기고 음독 순절했다. 젊은이들의 교육을 위해 1908년 광의면 방광리에 세운 근대식 학교 호양학교는 매천 사후 일제 탄압에 문을 닫았다. 매천사는 1955년 유림들이 건립했다. 한말 야사를 엮은 매천야록과 매천비 등 많은 고서와 선생의 유품이 보존되어 있다. 매천사는 둘레길이 지나는 방광사거리에서 매천로를 따라 구례방면으로 500m 쯤 가면 우측에 위치했다.

지역과 함께하는 둘레길 여행

오일장
구례장(3, 8일)
둘레길에서 가까운 읍내 초입에 위치했다. 보기 드물게 한옥 장옥을 갖췄다. 최근에 헌 한옥 장옥을 새것으로 바꿔 말끔해졌다. 예부터 영호남의 물물이 한 곳에 모이기로 유명했다. 고추전, 미곡전, 이불전, 옹기전, 대장간, 채소전 등 없는 것이 없다. 섬진강 참게 등 해산물전이 풍성하다. 좌판에서 먹는 부침개가 허기를 채워준다.

지역 생산물
고로쇠, 우리밀, 오리, 배 등.

은행(농협), 우체국
구례읍, 연파마을(광의면소재지)

넉넉한 구례 들판 굽어보는 마을과 마을을 이어

지리산에 터잡은 마을과 마을을 잇는 구간이다. 마을이 터잡은 곳은 해발 100m 내외의 지리산 중턱. 넉넉한 구례 들판이 발아래 펼쳐져 평화롭다. 방광마을에서 당동마을까지는 산속 오솔길을 따라 길이 나 있어 걷는 맛이 좋다. 하지만 난동마을에서 탑동마을까지는 높은 고개(500m)를 넘어가야 해서 땀 좀 흘려야 한다. 이곳은 예전에 산불이 났던 곳으로 구례에서 생태숲으로 조성하고 있다. 봄날에는 가파른 산비탈에 붉은 철쭉 꽃물결이 넘친다. 고개를 넘어가면 구례수목원 조성공사가 한창이다.

방광마을 진입로의 느티나무. 쉼터가 있어 쉬어가기 좋다.

방광~산동
(산동~방광)

방광마을 → 참새미(0.3km) → 대전리석불입상(2.1km) → 예술인마을(0.6km) → 난동마을(1.1km) → 구리재(3.6km) → 수목원(2.2km) → 효동마을(1.6km) → 원촌마을(0.8km) → 산동면사무소(0.4km)

거 리 12.7km
시 간 5시간 30분
방 광 구례군 광의면 방광리 472-3번지
산 동 전남 구례군 산동면 원촌길 114

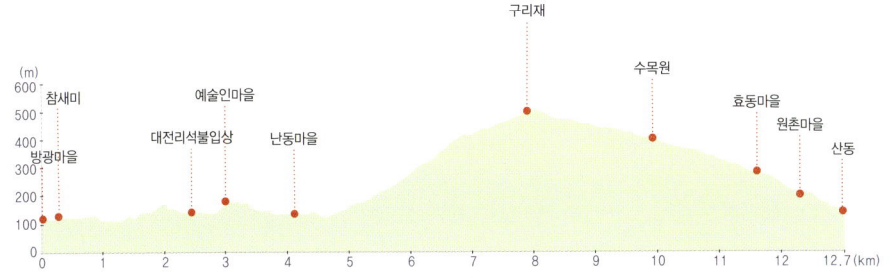

구간 한눈에 보기

❶ 방광마을길 방광사거리에서 논 사이로 난 길을 가면 용전마을 지나 방광마을 진입로가 나온다. 입구에 지리산둘레길 이정표(벽수)와 방광마을 비석이 서 있다. 마을 진입로를 따라 들어가면 느티나무 아래 쉼터가 있다.

❷ 방광마을 방광마을 초입에는 길 바닥에 표시한 이정표가 있다. 방광마을에는 오래된 시골 풍경을 느낄 수 있는 정미소가 있고, 마을 가운데 마을 사람들의 쉼터가 되는 느티나무도 여러 그루가 있다. 둘레길은 마을회관을 지나서 왼쪽으로 빠진다.

❸ 참새미골 방광마을을 나와 도로를 건너면 참새미골 휴식공간이다. 천은사에서 내려온 계곡물을 이용해 만든 계곡 쉼터로 아이들을 위한 물놀이장과 편의시설이 있다. 이곳에서 계곡을 건너 작은 언덕을 넘어가면 숲으로 길이 이어진다.

❹ 대전리 수로 참새미골에서 숲길을 요리조리 빠져나오면 산허리를 따라 이어진 수로가 나온다. 인근 과수원에 물을 대는 수로인데, 전체 길이는 300m쯤 된다. 조심할 것은 계곡 위로 난 수로다. 자칫 발을 헛디디면 위험할 수 있으니 새로 조성한 우회로를 따른다.

❽ 구리재 지리산생태숲에서 임도를 따라가면 고갯마루에 닿는다. 난동마을과 탑동마을의 중간쯤에 위치해 있다. 고갯마루에는 다리쉼을 할 수 있는 벤치가 있다. 또 이곳에서 왼쪽 지초봉으로 등산로가 나 있다. 고갯마루를 넘어서면 길은 여전히 구불구불거리며 탑동마을로 간다.

ⓒ 성삼재

❼ 지리산정원 난동마을에서 탑동마을로 가는 길은 이 구간에서 가장 힘든 구간이다. 임도를 따라 가는 길이지만 초입은 아주 가파르다. 임도가 고갯마루를 향해 가는 곳에 정자가 있다. 이곳까지 왔다면 힘든 구간은 모두 지나온 셈이다. 이곳에서 고갯마루까지는 10분쯤 걸린다.

천은사
ⓓ

대전리 수로
❹

ⓑ
❸ 참새미골
Ⓐ
❷ 방광마을
방광사거리
❶

❻ 난동마을 소나무 당동마을을 거쳐 포장도로를 따라 난동마을로 오르면 마을 끝 오른쪽에 기품이 있는 소나무가 보인다. 보호수로 지정된 소나무 사이에 마을에서 당제를 지내는 제단이 있다. 다리쉼을 할 수 있는 정자도 있다. 둘레길은 이곳을 지나 개울을 건너자마자 우회전해서 곧장 고개로 향한다.

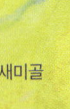

❺ 대전리 과수원 수로를 지나면 둘레길은 과수원을 가로지른다. 5월이면 〈과수원길〉 노래를 부르며 걸을 수 있는 곳이다. 과수원 곳곳에 도보여행자를 위한 벤치를 조성해 놨다. 과수원을 가로질러 가면 작은 저수지 곁에 대전리 석불입상이 있다.

구간 자세히 보기

방광 찾아가기

구례버스터미널에서 구만리가 종점인 순환버스를 타 방광마을에서 내린다. 천은사 행 버스를 타 방광마을에서 내려도 된다. 시간이 맞지 않다면 연파마을(광의면소재지)로 가 10분 정도 걸어서 방광마을로 갈 수 있다. 연파마을 행 버스는 자주 다닌다.

A 방광마을

마을 이름에 얽힌 전설이 있다. 지리산 우번대라는 암자에 노승과 사미스님이 살았는데, 어느 날 천은사 뒤 계곡을 오르다가 사미스님이 남의 밭에서 조 세 알을 손에 쥔 것을 본 노승이 '너는 주인이 주지 않은 조를 가졌으니 주인집에서 3년간 일을 해 빚을 갚으라'고 말하면서 사미스님을 소로 변신시켰다. 그 날 밭주인이 소를 발견해 집으로 데리고 왔는데, 이 소가 여물 대신 밥만 먹었고, 쇠똥이 땅에 떨어지면 빛을 내면서 곡식이 잘 자랐다 해서 방광리라는 이름이 생겼다고 한다.

방광마을은 들 가운데 형성된 큰 마을로 마을 안에 정미소가 있다. 마을 복판에 보호수로 지정된 느티나무가 이 마을의 오랜 역사를 말해준다. 골목길을 따라 가며 만나는 돌담도 볼거리다.

B 참새미골

방광마을을 빠져나와 도로를 건너면 곧바로 만나는 작은 유원지다. 이곳은 천은사에서 흘러내린 계곡이 지나는 곳으로 경치가 제법 수려하다. 이곳에 보를 막아 물놀이를 할 수 있는 쉼

터를 꾸몄다. 또 아이들이 놀기좋게 물놀이풀장과 놀이시설도 설치했다. 여름에는 제법 피서객이 많이 찾는다. 지리산둘레길 도보여행자에게도 좋은 쉼터가 될 것으로 보인다.

C 성삼재

지리산 능선 서쪽 끝 노고단과 만복대 사이에 있는 고개다. 이 고개의 높이는 해발 1,102m. 포장된 찻길 가운데 우리나라에 두 번째로 높은 고개다. 성삼재란 이름은 마한 때 성씨가 다른 세 명의 장군이 이 고개를 지켰다고 해서 유래했다. 1988년 차량통행이 가능한 관광도로가 개통되면서 휴가철이면 밀려드는 차량으로 몸살을 앓는다. 또 이 도로가 개통되면서 화엄사에서 노고단을 올라 천왕봉으로 향하던 지리산 종주 풍속도가 바뀌었다.

D 천은사

방광리에서 성삼재로 가는 길목에 있는 절이다. 통일신라 흥덕왕 3년(828)에 덕운조사가 터를 닦은 후 감로사라 했고, 고려 충렬왕 때는 남방제일선찰(南方第一禪刹)이란 명패를 받을 만큼 단단히 세력을 떨쳤다. 조선시대 두 차례의 방화로 전소되었던 것을 1774년 혜암선사가 복원하고 천은사로 이름을 바꿨다. 감로사가 천은사로 바뀐 데는 사연이 있다. 천은사에는 이슬처럼 맑고 찬 물이 솟는 감로천이란 샘이 있었는데, 구렁이가 한 마리 살면서 이 샘을 보호했다. 그러던 어느 날 밖으로 나온 이 구렁이를 아이들이 돌팔매질해 죽이고 말았다. 놀란 승려들이 구렁이를 묻어주고 정성스레 예를 올렸지만 맑고 차던 감로천의 물이 황토빛으로 변하더니 이내 물줄기가 끊기고 말았다. 감로천이 마르게 되자 감로사의 이름을 샘(泉)이 자취를 감춘(隱) 절이란 뜻으로 천은사로 바꿨다. 천은사는 여름의 녹음, 가을의 단풍과 제대로 어울린 홍예문 수홍루와 극락보전, 보물로 지정된 극락전 아미타후불탱화, 나옹화상 금동불감 등이 찾아볼 만하다.

E 대전리 석불입상

지리산둘레길이 지나는 산기슭에 있다. 온당리 당동마을에서 동쪽으로 300m 정도 떨어진 곳에 이 석불이 있는데, 이곳을 미륵골이라 부른다. 고려 초기의 것으로 추정되는 이 석불은 9~10세기경, 즉 고려 초로 넘어가는 과정에서 비로자나불의 수인이 어떻게 변화하는가를 연구하는 데 중요한 자료로 평가받는다. 석불은 높이 190cm, 어깨 너비 58cm다. 전체적으로 몸체와 손의 조각은 잘 보존되어 있지만 얼굴은 형체를 알아볼 수 없을 만큼 닳았다. 이는 미륵불의 코를 만지면 아들을 낳을 수 있

산동 찾아가기

구례터미널에서 산동노선 월계와 중동이 종점인 순환버스를 타 산동농협 앞에서 내린다. 구례터미널에서 출발해 산동을 지나는 남원 행 버스를 이용해도 된다. 남원버스터미널에서도 산동을 지나는 구례 행 버스가 있다.

자가용 이용

방광 전남 구례군 광의면
　　　방광리 554
산동 전남 구례군 산동면
　　　지리산온천로 230(구례군
　　　관광안내소)

유용한 전화번호

구례버스터미널
061-780-2730~1
구례구역 061-782-7788
구례군청 문화관광과
061-782-2014
구례군청 산림과
055-780-2422
지리산둘레길 구례센터
061-781-0850

콜택시

구례읍 061-783-5000
　　　061-781-9000

다는 토속신앙에서 유래된 것으로 보인다. 목 부분은 최근에 절단되었던 것을 다시 붙여놓았다. 1994년 전남유형문화재 제186호로 지정되었다. 석불 곁에는 높이 80cm의 보살상이 있다. 또 석불 주위에 낮은 돌담을 쌓고, 그 안에 전각을 세워놓았다.

F 당동마을

지리산 남악사당이 이 마을 북쪽에 있었다고 해서 당동마을이란 이름을 얻었다. 고려 때부터 100여호가 살던 큰 마을이었지만 봄가을에 남악제를 지내기 위해 남원부사와 고을 수령의 발길이 잦고, 이로 인한 피해가 크자 많은 이들이 이주하면서 마을이 작아졌다. 전설에 의하면 해방 직후 유씨란 사람이 남악사터에 묘를 쓰자 마을에 가뭄이 들었다. 이에 마을 사람들이 묘를 파내자 집에 도착하기도 전에 큰 비가 내려 모내기를 할 수 있었다고 한다. 그 후 지금도 그 터는 손을 대지 않는다고 한다. 당동마을은 최근 화가들이 많이 이주해와 '화가마을'로도 불린다. 지리산둘레길이 지나는 곳에는 화가들이 짓고 있는, 현대적 조형미가 느껴지는 집들이 많이 들어서고 있다.

G 난동마을

지리산생태숲이 있는 지초봉 아래에 자리한 마을이다. 당동마을처럼 산중턱에 자리해 들판 내려보는 전망이 좋다. 지리산둘레길은 마을 오른쪽으로 난 길을 따라 간다. 그 길 끝에 마을의 역사만큼 오래 묵은 소나무 몇그루가 어울려 자랐다. 솔숲 가운데는 제당을 꾸려놨는데, 정자도 있어 쉬어가기 좋다.

ⓗ 지리산정원

구례군에서 난동마을 뒤편 지초봉에 조성하고 있는 생태숲이다. 이곳은 지난 2,000년 산불이 나 흉하게 변했던 곳으로 구례군에서 30억원을 들여 철쭉단지로 조성했다. 지리산정원의 철

쭉은 바래봉과 세석평전의 철쭉과 함께 지리산의 떠오르는 관광명소로 자리 잡았다. 지리산정원에는 다양한 테마의 숲과 길이 조성됐다. 이 가운데 임도를 따라 가는 길은 고개를 넘어 탑동마을까지 이어진다. 지리산둘레길은 지리산정원 오른쪽을 따라 간다. 난동마을을 지나면 개울을 건너는데, 개울과 외딴집 사이로 난 길로 곧장 올라간다. 이 길은 지리산정원을 왼쪽으로 크게 돌아온 임도와 만나 고개로 향한다.

ⓘ 구례수목원

2020년 전라남도 공립수목원 1호로 지정되었다. 54ha의 산림에 1,400종 14만본의 식물을 식재해 지리산권역의 식물 유전자원 보전과 숲속 휴식 공간으로 활용한다. 수목원에는 봄향기원, 겨울정원, 그늘정원, 외국화목원, 기후변화테마원, 자생식물원, 계류생태원 등 13개의 주제별 정원과 방문자안내소, 전시온실 및 종자학습관 등이 있다. 봄에는 수국을 1km 전시해 '테마로 걷고 싶은 길'을 조성하고, 6월에는 숲속 나무와 꽃을 주제로한 '스토리텔링 특화길'도 조성한다. 11월은 관람객의 편안한 휴식을 취할 수 있는 피크닉 가든도 조성한다. 입장료는 어른 2,000원.

지역과 함께하는 둘레길 여행

오일장
구례장(3, 8일)
둘레길에서 가까운 읍내 초입에 위치했다. 보기 드물게 한옥 장옥을 갖췄다. 최근에 헌 한옥 장옥을 새것으로 바꿔 말끔해졌다. 예부터 영호남의 물물이 한 곳에 모이기로 유명했다. 고추전, 미곡전, 이불전, 옹기전, 대장간, 채소전 등 없는 것이 없다. 섬진강 참게 등 해산물전이 풍성하다. 좌판에서 먹는 부침개가 허기를 채워준다.

지역 생산물
고로쇠, 우리밀, 오리, 배 등.

은행(농협), 우체국
구례읍, 연파마을(광의면소재지)

길과 이야기 9

지리산과 맛

**지리산 둘레길 따라가며 맛보는 삼남의 진미
봄부터 겨울까지 사계절 내내 맛깔스런 음식**

지리산, 이 오지랖 넓은 산은 어느 것 하나 빠지는 게 없다. 자연이면 자연, 문화유산이면 문화유산, 절집이면 절집, 사연이면 사연 등등 그 품이 구중궁궐처럼 깊어서 어느 주제로도 다 한 가닥씩 한다. 맛도 빠지지 않는다. 지리산 둘레만 한 바퀴 돌면 세상의 산해진미는 절반쯤 섭렵했다고 볼 수 있다. 산에서, 들에서, 혹은 강에서 나는 이 특별한 먹을거리가 지리산 구석구석에 박혀 있다.

지리산 맛자랑의 첫걸음은 구례부터 떼어보자. 화엄사 입구의 산채정식은 관광버스 드나들던 시절부터 이미 소문이 났다. 이른 봄에는 뼈까지 이롭게 한다는 고로쇠물이 피아골에서 난다. 고로쇠물만 마셔도 좋지만 토종닭과 함께 백숙으로 끓여먹으면 온몸에 불끈불끈 힘이 솟는다. 구례장날 장터구경 나섰다가 국밥 한 그릇 말아먹는 재미는 여행깨나 다닌 선수들의 단골 메뉴다.

구례를 적시며 흘러가는 섬진강은 참게와 은어로 말한다. 참게는 수컷의 집게발에 털이 달려 있어 털게라고도 부른다. 참게는 서리가 내릴 때쯤이면 알을 통통하게 밴 몸을 이끌고 섬진강 물길 따라 바다로 새끼를 낳으러 내려간다. 참게는 이 때 잡는 것이 맛이 가장 좋고 살도 많다. 참게는 바닷게와 달리 탕을 끓이면 진득하면서 구수한 국물이 천하의 일미다. 끓인 간장을 아홉 번 부어가며 맛을 내는 참게장은 이른 봄날 입맛을 돌리는 선수다. 참게요리는 하동 화개장터에서 잘한다.

맑은 물의 상징인 은어는 한해살이 민물고기다. 수박향이 난다고 해서 향어라고도 불린다. 얇게 썰어 깻잎에 싸 회로 먹거나 소금을 뿌려 가며 숯불에 구워먹기도 하고, 쌀과 함께 죽으로도 끓여 먹기도 한다. 하동 화개도 잘하지만 구례구역이나 곡성 압록도 빼놓을 수 없다. 지금이야 양식이 돼서 사계절 먹지만 아무래도 계절을 따지자면 여름이 최고다.

섬진강 하류로 가면 껍질이 단단한 녀석들이 기다리고 있다. 이름도 유명한 재첩과 벗굴이다. 하동읍 앞으로 흘러가는 섬진강에서 잡는 재첩은 속풀이 해장국의 대명사다. 맑게 끓인 재첩에 부추만 송송 썰어 넣으면 끝인데, 한 그릇 들이키면 속에서 강바람이 느껴질 정도다. 벗굴은 섬진강과 남해가 만나는 망덕포구에서 잡히는 굴이다. 벚꽃이 필 때 가장 맛있다고 해서 벗굴이다. 굴이 어른 주먹만큼 큰 게 특징이다. 회로, 찜으로, 구이로 먹는다. 섬진강 따라 내려가나 쌍계사계곡을 빼놓을 수 없다. 이곳은 야생차의 본향이다. 한 때 차를 덕어 나라에 바치는 일이 하도 고달파 차밭을 불태워버리기도 했지만 이곳은 우리나라 차의 시배지다. 지금도 덖음차 중에서 제일로 치는 것은 이곳에서 난 것이다. 곡우를 전후로 산비탈마다 찻잎을 따는 손길이 바쁘다.

하동은 담양과 함께 대나무 고장으로 쌍벽을 이루는 곳. 대나무를 이용한 요리로는 대통밥과 죽순회가 있다. 대통밥은 우선 지름 10cm 이상 되는 왕대의 마디를 바닥이 되게 한 뼘 크기로 자른다. 그런 다음 대통 안에 쌀과 대추, 밤, 은행을 넣고 한지로 밀봉한다. 밀봉한 대통을 압력솥에서 2~30분 쪄내면 노릇노릇 밥이 익는다. 대통밥은 밥이 익으면서 대나무에서 나오는 진액이 배어 푸르면서 누르스름하고, 대나무향이 배어 은은하면서 쫄깃쫄깃하다.

하동에서 산청으로 넘어가면 약초가 반긴다. 산청은 골 깊은 지리산에서 나는 약초의 기운을 이어받아 한방약초의 고장으로 재탄생했다. 산청읍 한방약초단지에 가면 약초를 넣어 끓여내는 버섯매운탕이나 백숙 등을 맛볼 수 있다.

산청에서 함양으로 가면 골이 깊다. 이 깊은 골은 흑돼지가 명물이다. 함양 마천면이나 남원 산내면과 인월면에 가면 지금도 심심찮게 돼지우리를 볼 수 있다. 여기서 기른 돼지는 사료를 먹여 키운 돼지고기와는 육질이 비교할 수 없을 만큼 좋다. 다른 곳은 비계와 껍질은 제거하고 살코기만 팔지만 이곳은 비계와 껍질이 없으면 고기 취급을 못 받는다. 선수들은 알지만 진짜 좋은 돼지고기 맛의 비결은 비계와 껍질에 있다. 마천이나 산내의 정육점에서 돼지고기를 사면 후회하는 일은 없다.

남원은 지리산의 북쪽 끝자락이다. 이곳은 추어숙회와 추어탕으로 지리산 맛의 대미를 장식한다. 춘향과 이도령의 러브스토리 무대인 광한루원 주변의 식당은 대부분 추어숙회와 추어탕 간판을 달고 있다. 이곳은 자연산 미꾸리에 직접 담근 된장으로 맛을 낸다. 특히, 추어숙회는 장수산 곱돌 냄비 위에 한소끔 끓인 미꾸리에 두부, 계란, 들깨가루를 풀고 국물을 졸인 뒤 참기름, 깨소금, 당근, 파 등으로 양념해 찌듯이 무친 것으로, 이것을 양념한 초고추장에 찍어 먹거나 취나물에 싸먹는다. 여기에 바삭하게 튀긴 추어튀김까지 곁들이면 평양감사가 부럽지 않다.

봄마다 세상을 노랗게 물들이는 돌담 옆 산수유 물결

현천마을, 계척마을로 이어지는 길은 '산수유 루트'다. 봄날이 오면 이 마을마다 노란 산수유꽃잔치가 벌어진다. 특히 현천마을과 계척마을의 산수유는 지리산 온천랜드 윗자락에 자리한 상위마을과 함께 구례에서도 최고로 치는 곳이다. 이른 봄에 지리산 둘레길을 나서도 허전하지가 않다. 밤재는 구례에서 남원으로 넘어가는 고개. 그 옛날 고개를 넘던 길은 세월 속에 묻혔고, 지금은 밤재터널을 통해 차들이 씽씽 내달린다. 밤재에 서면 지리산 노고단과 만복대가 아스라하다.

안개 자욱한 현천마을과 도보여행자들.

산동~주천
(주천~산동)

산동면사무소 → 현천마을(1.8km) → 연관마을(0.4km) → 계척마을(1.4km) → 산수유시목지(0.3km) → 편백숲(2.2km) → 밤재(3.0km) → 무너미(4.6km) → 정문등(0.2km) → 내용궁마을(0.5km) → 내룡교(0.5km) → 주천(1.0km)

거 리 15.9km
시 간 7시간
산 동 전남 구례군 산동면 원촌길 114
주 천 전북 남원시 주천면 외평2길 5

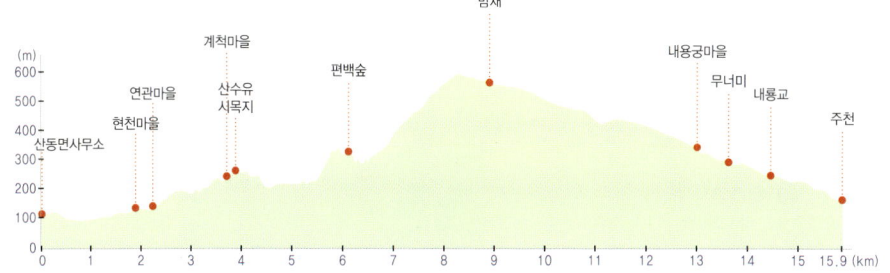

구간 한눈에 보기

1 원촌마을 원촌마을은 산동면 소재지다. 구례를 오가는 차부가 있고, 식당도 몇 곳 있다. 과거 시골 장터의 향수가 느껴지는 낡은 거리 풍경이 인상적이다. 지리산 온천랜드와 밤재에서 흘러내린 두 줄기의 물줄기가 이곳에서 만난다.

2 산동면사무소 지리산둘레길은 산동면사무소를 오른쪽으로 끼고 돈다. 면사무소 주변에는 식당과 마트, 버스정류장 등이 몰려 있다. 거리는 70년대 풍경처럼 정겨워 한번쯤 둘러볼 만하다. 면사무소를 끼고 돌아 북쪽으로 향하면 왼쪽에 원촌초등학교가 있다.

3 원촌교차로 원촌초등학교를 지나면 19번 국도와 만나는 원촌교차로다. 이곳에서 오른쪽 길로 50m 가면 계척·현천 마을과 수락폭포·삼성마을로 길이 나뉘는 작은 삼거리가 있다. 현천마을은 트럭이 들어가는 왼쪽 길로 간다.

❽ 밤재 농장에서 밤재까지는 1.9km. 농장에서 곧장 밤재로 오르는 길도 있지만 예전에 국도로 사용했던 길을 따라 쉬엄쉬엄 걸어가는 게 운치가 있다. 이 길을 따라가다 보면 남원에서 구례로 가는 19번 국도와 방광~탑동 구간의 높은 고개, 지리산 노고단과 만복대가 한눈에 든다. 밤재에 화장실과 정자가 있다.

❼ 대숲길 편백나무숲이 끝나면 지리산둘레길이 계곡을 따라 이어진다. 계곡을 두 번 건너가면 그 끝에 대숲이 있다. 대숲을 빠져나오면 밤재 아래 자리한 농장이다. 대숲을 지나면 힘든 구간은 모두 지난 셈이다.

❻ 편백나무숲 계척마을에서 체육공원을 지나면 편백나무숲이 나온다. 지리산둘레길은 산수림산장 왼편으로 난 능선을 넘어가야 편백나무숲으로 이어진다. 10분쯤 걸리는 이 길은 아주 가팔라 땀 좀 흘려야 한다. 그러나 능선을 넘어가면 시원한 편백나무숲이 수고를 보상해준다.

❺ 연관마을 현천마을 앞 저수지 둑을 건너면 지리산둘레길은 고샅길을 따라 산등성이를 가로질러간다. 야트막한 산등성이를 넘어가면 연관마을이다. 마을에는 느티나무 그늘 아래 쉼터를 조성했다. 연관마을에서 계척마을까지도 산등성이를 타 넘어가는 고샅길과 농로가 이어진다.

❹ 현천마을 현천마을은 19번 국도 밑으로 난 지하통로를 통해 들어간다. 꾸준한 오르막길을 올라가면 현천마을 주차장에 닿는다. 현천마을은 일부러 지어놓은 테마파크처럼 아름답다. 마을 앞에 아담한 저수지가 있고, 마을길은 산수유와 돌담이 어우러져 특별한 아름다움을 뽐낸다. 화장실과 주차장 등 쉼터도 있다.

구간 자세히 보기

 **산동 찾아가기**

구례터미널에서 산동노선 월계와 중동이 종점인 순환버스를 타 산동농협 앞에서 내린다. 구례터미널에서 출발해 산동을 지나는 남원행 버스를 이용해도 된다. 남원버스터미널에서도 산동을 지나는 구례 행 버스가 있다.

주천 찾아가기

남원시외버스터미널 건너편에서 주천(육모)행 버스를 타 지리산둘레길 주천센터 앞에서 내리면 된다.

A 원촌마을

원촌마을은 산동면소재지가 있는 마을이다. 두 개의 물줄기가 하나로 만나는 곳에 있으며 면사무소와 초등학교, 파출소, 버스터미널 등이 있다. 면소재지의 풍경은 70년대 시골장터를  압축해 놓은 것처럼 아담하면서 정겹다. 원촌마을은 조선 성종 때 처음 마을이 형성돼 큰 부락을 이뤘다. 그러나 여순사건과 한국전쟁을 거치면서 전체 가옥의 80%가 전소됐다가 다시 복원됐다. 마을 이름은 본래 '월천'이라 부르던 것이 원촌으로 바뀌었다고 한다. 또 '원'이 있었던 곳이라 해서 원촌이라 부르게 됐다고도 한다. 원촌마을에는 190여 가구에 780여명의 주민이 살고 있다.

B 수락폭포

원촌마을에서 수락폭포로를 따라 4km 가면 있는 폭포다. 물맞이 폭포로 유명한 이곳은 15m 높이에서 물보라를 일으키며 떨어지는 폭포가 장관이다. 특히, 여름철에는 많은 사람들이 폭포에서 떨어지는 물살을 맞으며 더위를 식히는데, 폭포물살을 맞으면 신경통과 근육통, 산후통에 효험이 있다는 이야기가 있어 부녀자들이 많이 찾는다. 폭포 속에 들어가면 천둥치는 소리와 함께 고개를 들 수 없을 정도로 많은 물이 쏟아져 내린다. 웬만한 이들도 1분 이상을 버티기 어려운데, 어깨가 따가울 정도로 물을 맞고 나면 한여름의 더위는 남의 일이 된다. 폭포 오른쪽으로 폭포물살을 끌어들여 어린아이도 즐길 수 있는 작은 폭포를 마련해 놓았다.

C 현천마을

현천마을은 상위마을과 함께 구례의 산수유 마을에서 첫손에 꼽는 곳이다. 산수유와 어우러진 돌담이 예쁜 마을로 저수지가 어울려 한 폭의 그림처럼 아름답다. 누구나 꿈꾸는 고향의 모습을 그대로

옮겨놓은 곳이다. 구례 산수유축제의 포스터도 이 마을이 배경이 됐다. 현천마을이란 이름은 주변 산세에서 비롯됐다. 마을 뒷산인 두견산의 모양새가 현(玄) 자를 닮았고, 마을 뒤 옥녀봉 아래에는 옥녀가 빨래를 했다는 내(川)가 있어 현천이란 이름을 얻었다고 한다. 마을 입구의 현계정을 지나면 밭과 집을 감싼 돌담이 반긴다. 돌담 위로는 어김없이 산수유나무가 우거졌다. 이 마을 산수유나무의 나이는 300년이 훌쩍 넘는다. 하지만 꽃을 틔우는 가지는 60년이 채 안됐다. 이것은 1948년 여수·순천사건 때 군경 토벌대가 산수유 가지를 모두 베어버려서다. 산수유를 감상하는 최고 전망대는 마을 오른쪽 산자락에 마련된 데크다. 저수지 둑에서 바라보는 현천마을과 산수유도 추천할 만하다.

Ⓓ 산수유

산수유는 구례를 대표하는 꽃이자 매화와 함께 봄을 가장 먼저 여는 꽃으로 명성이 자자하다. 섬진강 물길이 지나는 광양 다압면에서 매화가 피어 올린 봄꽃의 행렬은 구례 산동

면에서 산수유가 바통을 이어받는다. 구례는 산수유 전국 생산량의 약 45%를 차지하고 있다. 지리산둘레길이 지나는 탑동·효동·현천·계척마을은 물론 지리산 온천랜드가 있는 좌사리·원달리 등 골짜기마다 노란 산수유 물결이 이어진다. 산수유가 피는 시기에 맞춰 축제도 열린다. 산수유는 가을이면 빨강색 열매가 하늘을 가릴 정도로 열리는데, 씨는 빼고 과육만 추려낸다. 예로부터 보신과 야뇨증을 고치는데 좋은 한약재로 알려졌으며, 요즘은 말린 열매를 달여 차로 먹기도 한다.

Ⓔ 계척마을

산동면의 대표적인 산수유마을 가운데 하나다. 이 마을은 산수유 시목이 있어 유명세를 타고 있다. 계척마을 입구에는 수령이 1000년쯤 됐다는 산수유 시목이 있다. 이 시목에는 근거는 희박하지만 전설이 있다. 그 옛날 중국 산둥(山東)성의 처녀가 구례로 시집을 오면서 가져와 심은 산수유 묘목이 지금의 산수유 시목이라는 것이다. 산동(山洞)이란 지명도 중국 산둥성에서 유래했다고도 한다. '할머니 나무'라고도 불리는 이 산수유 시목은 어느 산수유 나무 보다 크고 웅장하다. 지금도 젊은 나무 못

자가용 이용
산동 전남 구례군 산동면 지리산 온천로 230(구례군 관광안내소)
주천 전북 남원시 주천면 외평2길 5

유용한 전화번호
구례버스터미널
061-780-2730~1
구례구역
061-782-7788
구례군청 문화관광과
061-782-2014
구례군청 산림과
061-780-2422
남원시내버스
063-631-3116
남원시외버스
063-633-1001
남원역
1544-7788
지리산둘레길 구례센터
061-781-0850

콜택시
구례읍 061-783-5000
　　　061-781-9000
광의면 061-781-0030
남원(주천) 063-625-0480

지않게 활짝 꽃을 틔운다. 산수유 시목지 앞은 광장으로 조성했다. 분수대와 성곽 등을 재현해 놨는데, 산수유꽃이 필 때를 제외하면 찾는 이가 없다.

F 편백나무숲

계척마을에서 밤재로 올라가는 길목에 조성한 숲이다. 구례군에서 조성한 이 숲에는 수령 30년을 헤아리는 수만 그루의 편백나무가 심어져 있다. 지리산둘레길은 편백나무숲 가운데를 관통한다. 편백나무숲에는 산책로가 여러 갈래 있는데, 지리산둘레길 이정표(벅수)가 잘 세워져 있어 헷갈리지 않는다. 또한 벤치와 화장실, 평상도 있어 다리쉼 하기 좋다. 편백나무숲을 지나면 사시사철 맑은 물이 흐르는 계곡이 있다.

ⓖ 밤재

구례와 남원을 가르는 고개다. 과거에는 19번 국도가 이 고개를 넘어갔다. 그러나 1988년 길이 800m, 폭 9.7m의 밤재터널이 뚫리면서 옛길이 됐다. 지금도 구례 방면에서는 밤재 정상까지 차를 타고 갈 수 있다. 그러나 남원 구간은 옛길이 많이 지워져 차량 통행은 불가능하다.

ⓗ 지리산유스캠프

지리산자락에 자리한 연수 및 숙박시설이다. 문화행사와 체육행사, 야외행사 등을 할 수 있는 다양한 체험 및 편의시설을 갖추고 있다. 청소년 활동은 물론, 공공기관과 일반 기업, 각종 단체의 연수와 세미나, 포럼, 심포지엄 행사장으로 이용할 수 있다. 지리산둘레길은 유스호스텔 체험학습관 옆으로 나 있다. 063-630-1000·www.jirisanyh.com

ⓘ 용궁마을

남원시 산촌체험마을로 사방을 산으로 병풍으로 두른 것 같은 분지에 자리했다. 해발 1,000m가 넘는 영제봉이 마을 뒤에 우뚝 솟아 있으며, 그 아래로 영제봉에서 흘러내린 물을 저장하는 장안저수지와 용궁저수지가 있다. 마을 뒷산은 지리산 줄기로 큰 계곡을 이루고 있다. 이 계곡을 큰골이라 하는데, 주봉까지 약 4km의 구간이 절경이다. 지리산둘레길은 마을 안까지 들어가지 않고 장안저수지를 끼고 걷는다. 용궁마을은 인근 야산에서 고로쇠와 송이 채취 등 다양한 체험을 할 수 있다. 초봄에 영제봉 밑에서 채취하는 고로쇠는 수액의 질이 우수하다.

 지역과 함께하는 둘레길 여행

오일장

구례장(3, 8일)
둘레길에서 가까운 읍내 초입에 위치했다. 보기 드물게 한옥 장옥을 갖췄다. 최근에 헌 한옥 장옥을 새것으로 바꿔 말끔해졌다. 예부터 영호남의 물물이 한 곳에 모이기로 유명했다. 고추전, 미곡전, 이불전, 옹기전, 대장간, 채소전 등 없는 것이 없다. 섬진강 참게 등 해산물전이 풍성하다. 좌판에서 먹는 부침개가 허기를 채워준다.

남원장(4, 9일)
남원공설시장에서 열린다. 최근에 7000여평 터에 원래 있던 한옥들을 없애고 콘크리트 상가를 새로 지어 옛 오일장의 모습이 많이 사라졌다. 하지만 지금도 장날이면 많은 사람이 모여들어 옛 풍류를 그대로 보여주고 있다. 해산물전, 포목전, 건어물전, 그릇전, 잡화전, 농기구전, 청과물전, 채소전, 곡물전, 약초전 등이 구색 맞춰 있다.

지역 생산물
고로쇠, 우리밀, 오리, 배 등.

은행(농협), 우체국
구례읍, 원촌마을.

매점
원촌마을. 주천면 소재지.

길과 이야기 10

지리산둘레길의 미래

지리산 생명평화 운동의 결과물 '지리산 순례길' 오래오래 이어지기를!

언젠가부터 인류는 발전에 대한 환상과 물질에 대한 욕망의 질주로 지구를 자원화했다. 그리고 오늘 우리는 지구온난화에 따른 기후위기에 직면했다. 지금은 기나긴 지구의 여정에서 인간의 존재, 지구를 위한 인류의 역할이 그 어느 때보다 긴박하고 절실하다. 인류의 생존을 위해서라도 지구를 생명공동체 모두의 집으로 여기는 인식의 대전환이 필요하다.

지리산에서 자연에 대한 생각의 전환을 처음 이끌어낸 것은 지리산국립공원 지정 운동이었다. 우리나라 1호 국립공원 지리산은 지역의 주민들에 의한 자발적 환경운동이었다. 1962년 구례 주민들이 펼친 지리산국립공원 지정 활동은 우리나라 최초의 환경보호 활동으로 기록되어야 한다.

그러나 지리산을 보호하고 지키려는 주민들의 염원과는 달리 그동안 지리산은 각종 난개발과 싸워야 했다. 지리산댐, 케이블카, 산악열차 개발 압력은 거셌고, 그에 굴하지 않는 주민들의 자발적인 움직임도 멈추지 않고 이어져 왔다. 분명한 것은 지리산이 정권이 바뀌고 정책을 입안하는 집단의 변화에 따라 요동치는 곳이 되어서는 안 된다는 것이다. 지리산이 자발적 환경운동의 산실이란 것을 가슴에 새기고 지속 가능한 미래를 여는 문으로 여겨야 한다.

지리산둘레길은 지리산 보존과 생명 평화 운동의 염원을 담고 있다. 2004년 생명평화탁발단의 지리산 순례길 제안과 2005년 시민단체 지리산생명연대와 녹색연구소의 '환지리산문화생태탐방로 기본구상', 2007년 사단법인 숲길의 설립과 '환지리산탐방로 조성사업'으로 이어져 지리산권 5개 시군을 한 바퀴 도는 지리산둘레길로 완성되었다. 종교인, 시민사회, 정부가 나서서 함께 완성한 지리산둘레길. 세상의 평화를 원한다면 먼저 평화가 되자는 기치를 걸고 걷는 이 길은 이제 세계적인 순례길로도 손색이 없다.

지금 지리산에는 반달곰이 살고 있다. 반면 지리산의 인구는 자연감소로 많이 줄었다. 지리산이 자연과 인간의 적절한 균형과 조화를 이루는 생명공동체가 되어 가는 것이다. 지리산이 태고의 모습으로 돌아갈 수는 없지만, 자연의 원시성과 우람한 숲을 자랑할 수 있다는 희망을 걸어보면 어떨까. 또 지리산을 바라보면 걷는 순례의 여정이 일상이 되는 지리산은 어떨까.

2022년 중순, 지리산운동의 성과와 전망을 점검하는 미래담론의 자리가 있었다. 도표를 자세히 보면 지리산을 하나의 공동체로 보고, 다양한 주체들이 다양한 활동을 계속 해왔다는 것을 알 수 있다. 늘 아귀다툼하듯 편 가르고 싸우는 세상 같지만 우리는 모두 더불어 함께, 따로 또 같이, 그렇게 연결되어 살아간다. 그 길 위에 우리가 있다.

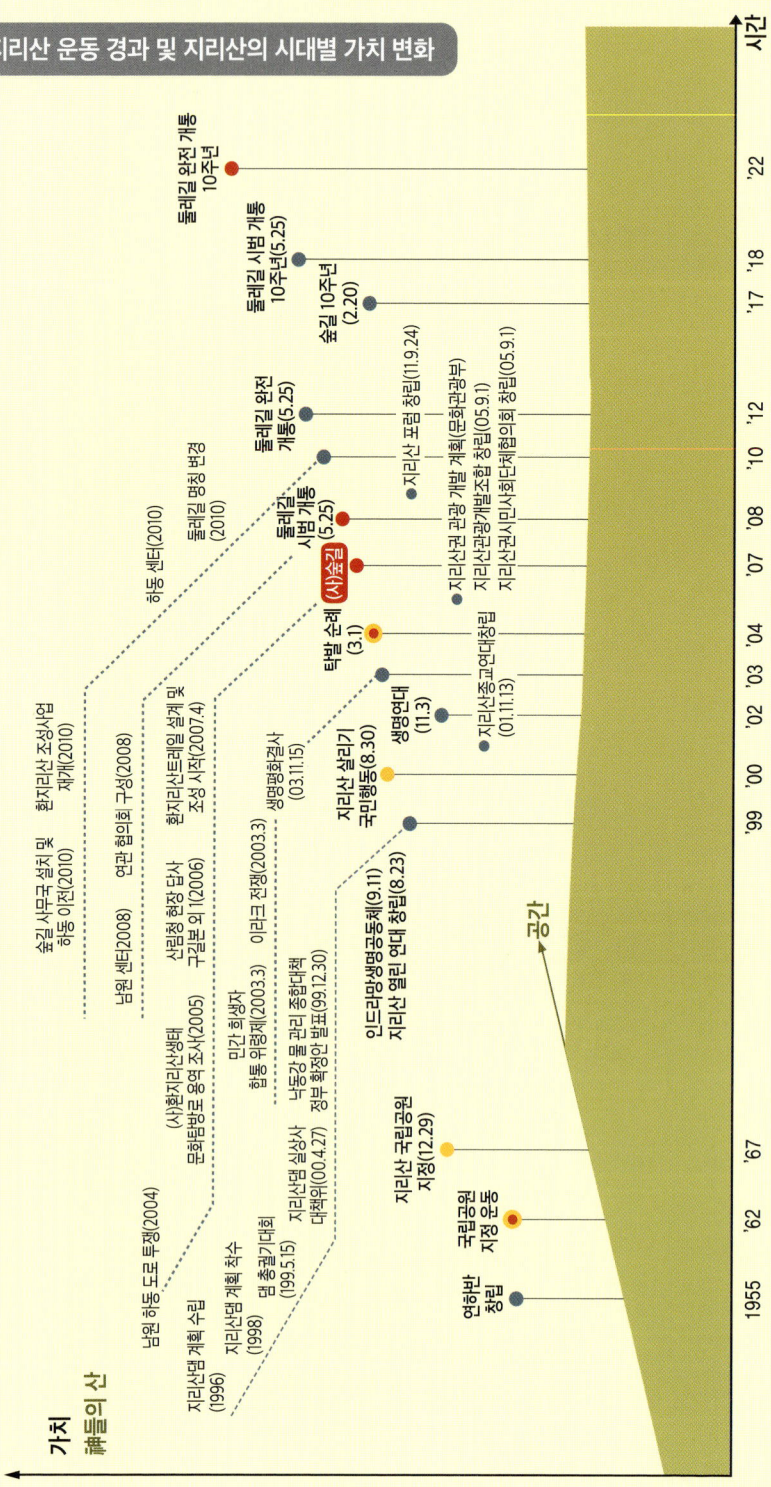

2011년 6월 10일 초판 1쇄 펴냄
2025년 5월 4일 개정 6판 1쇄 펴냄

지은이 (사)숲길
발행인 김산환
편집 이상재
디자인 여현미 · 윤지영 · 기조숙
인쇄 다라니
출력 태산아이
종이 월드페이퍼

주소 경기도 파주시 경의로 1100, 604호
전화 070-7535-9416
팩스 031-947-1530
홈페이지 blog.naver.com/mountainfire
출판등록 2009년 10월 12일 제82호

ISBN 979-11-6762-116-0-13980

※ 지은이와 꿈의지도 허락 없이는 어떠한 형태로도 이 책의 전부, 일부를 이용할 수 없습니다.
※ 잘못된 책은 구입한 곳에서 바꿀 수 있습니다.